Herstellung: Books on Demand GmbH

ISBN 3-8311-2106-0

Schnee, Berge und Gold

Eine Idee entsteht

Wir haben uns an der Universität von Gießen kennen gelernt. Beide waren wir im Bereich der Naturwissenschaften tätig. Uns verbanden stundenlange Gespräche, die uns vom Hundertsten ins Tausende führten. Oftmals ging es um Literatur, manchmal ums Studium und die Probleme, die vor allem die Mathematik für mich aufwarf. Dieter half mir bei Seminarvorträgen, wenn Unklarheiten bestanden. Es war eine richtig schöne unschuldige Freundschaft, die uns verband. Dann, eines Tages, kamen wir auf das Thema Südamerika. Er erzählte mir, dass er mit seinem Freund einen Trip nach Equador plante, um dort die Berge Chimboraso (6300m) und Cotopaxi (6050m) zu besteigen. Nun mit Bergsteigen hatte ich normalerweise nicht viel am Hut. Aber mein großer Traum war es, den Titicacasee, den höchstgelegenen Binnensee der Erde, in Peru, zu sehen. Ich bot ihm an, die ganze Tour mit ihm zu machen, wenn ich zuerst meinen Traum verwirklichen könnte. Nun warum nicht. Also beschlossen wir unsere Reise gemeinsam zu machen. Dieters Freund sprang dann auf einmal ab und so waren dann nur wir zwei übrig. Als arme Studentin hatte ich noch einige Hindernisse zu überwinden, denn so eine Reise musste ja auch finanziert werden. So verkaufte ich dann alle meine Möbel um flüssig zu sein. Nun, was hat man in einer Studentenbude schon zu bieten? Ein Bett, ein Radio, einen Herd, eine Kommode und ziemlich viel Krimskrams. Aber besser als nichts! Um einen Traum wie diese Reise zu verwirklichen, hätte ich eine ganze Menge hergegeben, denn ich dachte damals, nur als Student hätte man, wenn man es mochte, auch die nötige Zeit und Energie um für eine Weile auszusteigen. Aus meinem Bekanntenkreis hatten damals schon einige eine Familie oder standen im Berufsleben und waren dadurch doch stark in ihren Möglichkeiten sprich Reisedauer und Reiseziel eingeschränkt. Ich bekam eine 'ganze' Menge Geld zusammen. Zunächst buchten wir einen Flug über ein

Reisebüro, das spezielle Preise für Studenten anbot. Die Auswahl war für unser Budget ziemlich eingeschränkt. Damit hatten wir eigentlich nicht gerechnet! Wir dachten, dass viele Studenten den gleichen Traum verfolgen würden und damit der Markt für billige Tickets doch größer wäre. Die günstigsten Angebote waren an eine bestimmte Reisezeit gebunden. Je flexibler das Ticket war, sprich Terminungebundenheit, Umbuchungen und Reisedauer, um so teurer war es auch. Am teuersten war ein sogenanntes One Way Ticket, das uns nur zu unserem Ziel, aber nicht wieder zurückbringen würde. Es kostete mehr als ein Hin- und Rückflug. Nun erst einmal wussten wir gar nicht, wie lang unsere Reise dauern würde. Wie sollten wir uns da auf eine bestimmte Reisedauer festlegen? Also bissen wir in den sauren Apfel und kauften Onewaytickets mit Aeroflot, die den für uns günstigsten Tarif hatten. Der Flug ging jedoch nicht von Frankfurt, sondern von Luxemburg ab. Aber es gab einen Buszubringer von Icelandair vom Frankfurter Hauptbahnhof, den wir benutzen konnten. Es klang alles sehr simpel. So griffen wir zu. Die Tickets sollten wir eine Woche vor Abflug erhalten. Aber Denkste! Als wir sie abholen wollten, waren sie nicht hinterlegt. Die Angestellten entschuldigten sich und sagten uns, dass sie selbst nicht wüssten, was los wäre und wo die Tickets im Moment steckten. Irgendwo hatten wir uns da schon damit abgefunden, dass sich unser Trip in Luft auflöste. Am Nachmittag vor unserem geplanten Abflug erhielten wir dann Gott sei Dank den von uns heißersehnten Anruf, das unsere Tickets bereitlägen. Die hatten uns ganz schön auf die Folter gespannt! Schließlich war das Ganze nicht nur ein Trip in die Alpen, sondern einer über viele tausend Kilometer, den man, nicht zuletzt aufgrund der Buchungszahl, nicht unbedingt einen Tag später durchführen konnte. Was eine Aufregung!
Wir besorgten uns natürlich soviel Literatur über Südamerika wie möglich. Die Unibibliothek bot uns eine ganze Menge in dieser Hinsicht. Je mehr wir lasen um so gespannter wurden wir darauf, endlich 'los zu düsen'. Eine besondere Investition tätigten wir noch vor unserem Start!

Wir kauften uns das aktuelle South American Handbook. Es enthielt sowohl Beschreibungen über das Land, die Leute, billige Charterflüge, die Sehenswürdigkeiten, interessante Routen, die Währungen, Anlaufpunkte bei Schwierigkeiten, Warnungen, die man ernst nehmen sollte, Souvenirs und Hotels in Kategorien von A, mit Preisen von 45-70 US$ bis zu F, mit Preisen von unter 7 US$. Ohne dieses Buch hätten wir einige Male ziemlich alt ausgesehen.

Die Reise ins Abenteuer

Hurra! Die große Reise ging endlich los. Zur für Studenten unmenschlichen Zeit, sprich 6.00Uhr morgens brachen wir auf um unser erstes kleines Ziel, Frankfurt, zu erreichen. Ein Zug, indem wir trotz dieser unchristlichen Zeit, da ‚gefüllt' mit Werkstätigen, keinen Sitzplatz fanden, brachte uns dann zum Frankfurter Hauptbahnhof. Inmitten der arbeitenden Bevölkerung wirkten wir wie Exoten mit unseren Rucksäcken, auf die unsere Schlafsäcke geschnallt waren. Dazu kam, dass wir unsere Bergsteigerschuhe trugen, was leichter war, als sie mit zuschleppen, sowie einen Eispickel, der natürlich aus dem Gepäck herausragte. In den Breiten des Taunus lächerlich anmutend! Aber wer kann von den Gesichtern und dem Gepäck der Reisenden ablesen, was sie eigentlich vorhaben? Was hatten wir es so gut, im Gegensatz zu den anderen, die 'nur auf die Arbeit gingen, auf so ein großes Ziel zu zusteuern!
Im Frankfurter Hauptbahnhof angekommen, war es gar nicht so einfach, den Zubringerbus von Icelandair zu finden. Er sollte von einem der Seitenportale des Hauptbahnhofes abgehen. Auskunft zu bekommen war recht schwierig. Aber als Pfadfinder meisterten wir diese kleine Aufgabe. Und los ging es in Richtung Luxemburg, ein Weg, der uns über Saarbrücken führte. Angekommen in Luxemburg nahmen wir eine Stadtbesichtigung vor, denn unser Flug sollte nicht vor spät abends starten. Vorher gaben wir unser Gepäck noch in einer Aufbewahrung am Flughafen ab, denn unser Ausflug in den Stadtstaat wäre mit unseren Rucksäcken doch ziemlich beschwerlich gewesen. Hätte man sich als

Ausflugsziel diesen kleinen Staat gewählt, wäre es ein sehr gute Wahl gewesen, denn er hatte mit seiner Burg, seinem Zentrum und seinem besonderen Flair, wirklich sehr viel zu bieten. Aber wenn das Abenteuer erst beginnt, blickt man 'nur mit einem Auge' auf die Sehenswürdigkeiten. Unsere ganze Aufmerksamkeit war auf unser für uns so fernes Ziel gerichtet! So verlief dieser Tag letztendlich recht zähflüssig! Schön waren natürlich die Geschäfte und die kleinen Cafes, die zum Promenieren und beobachten einluden. Der Preis für die kleinen, so 'putzig' aussehenden Küchlein, war jedoch recht ernüchternd. Zwar verlockend wollten wir doch jeden Pfennig für unseren Traum bewahren. Nachdem wir noch eine Weile in der Burg herumgestreift waren, machten wir uns gegen Abend auf den Weg zum 'Flughafen' von Luxemburg. Nachdem wir unser aufgegebenes Gepäck wieder in Empfang genommen hatten ging es zum Einchecken. Alles lief planmäßig, wir ergatterten sogar einen Fensterplatz. Auf geht's ins große Abenteuer!

Wer den riesigen Airport von Frankfurt kennt, ist einigermaßen überrascht, so einen kleinen Flughafen, der eher an einen Segelflugplatz erinnert, vorzufinden. Und von dort sollte unser Flugzeug starten? Wir hatten schon einige Bedenken. Für einen so weiten Flug würden sie uns doch nicht in eine kleine Maschine verfrachten? Dies würde schon allein am Sprit scheitern. Und eine große Maschine vermittelt doch eher ein Gefühl der Sicherheit als ein kleiner Flieger! Aber zum angegebenen Zeitpunkt stand eine 'große Maschine' bereit zum Abflug.

Nun wir waren schon mittendrin im Abenteuer, als wir dann das Flugzeug der Aeroflot, die uns von Luxemburg nach Lima in Peru bringen sollte, bestiegen. Die Sitze waren so eng, dass man sich vorkam, wie in einer Sardinenbüchse. Keinerlei Komfort! Gerade die Mindestausstattung! Nun ja, das Ticket war ja auch nicht gerade teuer und so durften wir uns nicht beschweren. Allerdings, den Flug hatten wir uns schon etwas anders vorgestellt. Wir hatten schon Gerüchte über die Airline gehört und trotzdem waren wir dann einigermaßen überrascht. Es war eher noch bescheidener als alle Beschreibungen. Stewardessen erwartet man adrett auszusehen. Unsere 'Damen' trugen Stiefel, im Hochsommer, und machten einen etwas 'herben' und vor allem ‚breiten' Eindruck. Die Passagiere, in deren Gesellschaft wir uns befanden, muteten sehr befremdlich an, dazu muss man sagen, das wir weiß Gott keine Rassisten waren! Sie sahen russisch aus und trugen Pelzmäntel und dazu passende Mützen. Die ‚Russen' waren anscheinend trotz penetrantem Geruch nach Schweiß, Urin und ranzigem Fett in der Gunst der Besatzung weit höher gestellt als wir 'Touristen'. Sie wurden mit einer ausgewählten Höflichkeit behandelt. Dies schien nur für diese besondere Delegation, die uns eigentlich als Fußvolk erschien, zu gelten. 'Da scheiden sich ja wohl die Geister'. Wir haben es nur als extrem unangenehm empfunden und uns in unserem, sowieso etwas eingeschränktem, Wohlbefinden sehr empfindlich gestört gefühlt. Die Besatzung hatte wohl anscheinend eine andere Auffassung von Höflichkeit, Freundlichkeit wäre schon zuviel verlangt, gegenüber Touristen. Und dann waren da noch die 'Gummiadler' zu deutsch Hähnchen genannt. Sie wurden uns zum Frühstück, Mittagessen und als Abendessen serviert. Selbst bei einer Vorliebe für Hähnchen, diese zähe Masse trug nicht gerade zu unserem Wohlbehagen bei. Derb war angesagt! Soweit, so gut! Plötzlich kamen Nebelschwaden aus den Belüftungsdüsen. Was sollte das? Merkwürdig! Verdammt, was war denn hier los? Wir waren gerade eine Stunde in der Luft und schon schien es die ersten Probleme zu geben. Das Flugpersonal informierte uns aber über nichts, was unsere Skepsis nicht gerade verminderte. Unser Ziel lag ja nun auch nicht gerade eine Stunde von Luxemburg entfernt, sondern 20 Flugstunden. Oh Mann! Über den Lautsprecher erfuhren wir dann, das der Flughafen Shannon in Irland angesagt war. Dort sollte die Maschine aufgetankt werden. Leider wussten wir das vorher nicht. Wäre vielleicht ganz nett gewesen, uns vorher darüber zu informieren. Die weißen Nebelschwaden aus den Düsen über unseren Köpfen vermittelten trotzdem nichts gutes. Ganz schön komisches Gefühl, plötzlich im Nebel zu sitzen! Wir dachten wirklich, es sei etwas verkehrt.

Nun, wir sollten das Erlebnis noch öfter haben. Immer vor den Landungen funktionierte die Koordination vom Druckausgleich sehr schlecht! Na gut!

Der Flughafen von Shannon ist traumhaft schön. Wir hatten einige Zeit uns umzuschauen und natürlich verschlug es uns unter anderem in die schönen Geschäfte, die einiges zu bieten hatten. Die frischgefangenen Lachse und die Auswahl an irischem Whiskey im Duty Free Shop waren phänomenal.

Überall waren riesiggroße Poster von Irland zu sehen. Das Traditionsbewusstsein der Iren war unverkennbar. Bildbände und Songbooks und anderes dieses wunderschönen Landes fand man überall in den Läden. Total verlockend. Leider waren wir am Beginn unserer Reise und so nahmen wir nichts mit, denn es hätte nur Ballast bedeutet. Unser Trip sollte uns ja in eine ganz andere Welt führen und wer weiß, was wir dort vorfinden würden?

Wir ließen jedoch einen Umschlag des Touristenbüros mit unserer Adresse zurück, der uns zusicherte, weitere Informationen über dieses, uns unbekannte, Land zubekommen. Weiter ging es nach Havanna auf Cuba. Eigentlich hätten wir uns denken müssen, dass wir jeden erdenklichen kommunistischen Flughafen anlaufen würden, wenn wir eine Airline wie Aeroflot wählten. Aber unbedarft wie wir waren, waren wir dann doch überrascht. Das Ganze war ein unglaubliches Erlebnis! Die Hunde liefen über die Startbahn! Ein sehr sicheres Gefühl, wenn man bedenkt, dass wir von dort wieder starten mussten. Im Duty Free Shop gab es außer Zigarren und Pantoffeln so gut wie gar nichts. Na ja, wir brauchten ja auch nichts. Die Menschen, die wir durch die großen Glasscheiben sahen, wurden von einem riesigen Heer von uniformierten Soldaten bewacht. Wir konnten die Armut und die Auswirkungen der Diktatur nur an Hand unserer Beobachtungen 'hinter Glas' erahnen, denn wir durften ja nicht aus dem Transitbereich. Aber was wir sahen, empfanden wir durchaus als erschreckend. Menschen, ärmlich gekleidet, mit fürchterlich schlechtem

Gebiss, teilweise völlig abgemagert, starrten uns an. Es war ein wahrhaftig trauriger Anblick.

Während unseres Aufenthalts bekamen wir eine tierisch süße Limonade gereicht. Ätzend! Aber es war schwül und heiß und das mitten in der Nacht, und so war selbst dieses Getränk eine Wohltat. Die schmutzigen Gläser und Toiletten ließen uns aber schon dort erahnen, was uns auf unserer weiteren Reise erwarteten würde. Versöhnend war der wunderschöne Sonnenaufgang. Einfach super!. Gott sei Dank waren beim Abflug keine Hunde auf der Startbahn, die unseren Start behinderten. Weiter ging's nach Kingston, Jamaika.

Die Landung in Kingston erschien für uns abenteuerlich, denn die Landebahn endet im Meer und wir hatten das Ende voll im Auge. Wir machten uns einige Gedanken. Hoffentlich hatte der Pilot dann bei unserem Start keine Probleme. Im Meer wollten wir doch nicht versinken.

Merkwürdigerweise war das Fotografieren auf dem Flughafen nicht erlaubt. Was sollte hier so geheim sein, dass es niemand fotografieren sollte? Erstaunlich war auch, dass die Havannas billiger als auf Cuba waren. Eigentlich dachten wir, das die Havannas, weil sie doch aus Cuba stammen, dort billiger als sonst wo seien sollten. Na, Ja!, wieder etwas dazugelernt! Bei dem Aufenthalt erschien es uns noch heißer als auf Cuba, aber vielleicht lag es daran, dass wir in dem Jahr bei uns von der Sonne nicht so verwöhnt gewesen waren und so war die Umstellung doch ganz schön groß. Entgegen unseren Befürchtungen hoben wir ganz sanft von der Startbahn ab. Gott sei Dank! Der Rest des Fluges verlief ziemlich ruhig. Nur auf dem letzten Teil bekamen wir, wie schon zuvor, einen 'Gummiadler' serviert. Dreimal Hähnchen auf einem Flug, dies zeugt wahrhaftig von Einfallsreichtum!

Als wir aus dem Fenster schauten, sahen wir nur noch Gebirge. Wir näherten uns Lima, unserem Endziel, über die Anden. Ein unglaubliches Erlebnis! Kurz vor unserer Landung tauchte alles in tiefen Nebel ein. Oh Mann, hoffentlich sah der Pilot genug, um uns heil herunter zu bringen! Aber der war solche Verhältnisse anscheinend gewöhnt und so setzte er die Maschine ganz behutsam auf.

Reichtum und Armut

Endlich waren wir in Lima gelandet. Bis wir an den Platz gelangten, wo wir unsere Rucksäcke abholen konnten, dauerte es ganz schön lang. Es war ein zähes Suchen! Ein Wunder, dass wir unser Gepäck überhaupt gefunden haben.

Dann hinein in den Dreck! Ich glaube, als Westeuropäer haben wir ein ganz anders Verhältnis zu Sauberkeit und Ordnung als die Peruaner. Soviel Schmutz habe ich noch nie gesehen. Man sagte mir, dass das normal für die Großstädte sei, aber für uns war es sehr gewöhnungsbedürftig. Es schien uns, als sei der einzige saubere Platz, die Plaza de Armas zu sein. Er lag gleich neben unserem Hotel. Dorthin führte uns der erste Weg auf unserem Stadtrundgang. Hier stehen der Regierungspalast, der Bischofspalast, der 'Union Club', das Stadthaus und eine wunderbare Kirche, die Kathedrale. Von außen wirkte sie unglaublich imposant. Was wir allerdings innen sahen entsprach nicht unseren Erwartungen, wie sie auch immer gewesen sein mögen. Wir vergaßen, das die Spanier alles indianische zerstört und versucht hatten, ihre Kultur als Non Plus Ultra einzuführen. Pizzaro und seine spanischen Truppen hatten nachhaltig dafür gesorgt, möglichst nur ihre Traditionen und Vorstellungen zu hinterlassen. Alles in der Kirche hatte einen für uns kitschigen Beigeschmack. Sie wirkte völlig überladen mit Puppen, Ketten, Schmuck, etc. Das hatten wir uns doch etwas anders vorgestellt. Dies sollte uns nicht zum letzten Mal passieren.

Wir hatten uns natürlich vorgenommen, uns das Museo de Oro, eines der Museen mit den größten Goldschätzen der Welt, anzusehen. Dies erwies sich als ein Hindernis, da die Sehenswürdigkeiten nicht besonders gut ausgeschildert waren. Wir nahmen den richtigen Bus, aber in die falsche Richtung. Und so endeten wir in den Slums von Lima ab. Asphalt war dort ein Fremdwort. Jeder schaute uns befremdet an, denn Touristen verirren sich normalerweise nicht dort hin.

Lima hat das Problem vieler Großstädte, dass die Menschen, die auf dem Land nicht weiter kommen, in die Stadt ziehen in der Hoffnung auf Arbeit. Das jedoch nicht genügend Arbeitsplätze für eine so große Anzahl an Menschen besteht, erwarten sie nicht. So kommen sie in die Slums, die letzte Zuflucht, um nicht im Freien zu verenden wie Tiere. Die Armut, die uns dort erwartete, war unbeschreiblich. Die Menschen lebten in Baracken, um welche Ratten liefen. Mann oh Mann! Bloß nichts wie weg! Auf einmal stand ein Mann im Anzug vor uns und das in dieser Gegend. Er passte überhaupt nicht in das Viertel, in das uns unser Weg verschlagen hatte. Er wirkte wie ein Exot in dem Dreck, der uns umgab! Reichtum und Armut, so dicht nebeneinander! Das war wohl ein Kalter! Also zurück mit dem Bus. Unterwegs stiegen zwei Schicksen zu, die wie wir ins Museo de Oro wollten. Irgendwie rückten sie uns so auf die Pelle, dass wir zunächst keinen Weg fanden, sie wieder loszuwerden. Typisch Touristen! Wir waren ja selbst welche, aber immerhin versuchten wir uns an die örtlichen Gegebenheiten anzupassen und nicht aufzufallen wie das Gro der Touristen. Angekommen am Museo de Oro konnten wir sie dann endlich abschütteln, indem wir einfach einen anderen Weg nahmen. Gehört hatten wir schon von den unsagbaren Schätzen der Inkas. Aber was wir vorfanden, übertraf unsere Erwartungen um ein vielfaches. Direkt hinter dem Eingang bot sich uns ein Meer von jeglichen erdenklichen goldenen Utensilien, wie z.B. Kämmen etc. Nutzgegenstände, die bei uns aus 'billigstem Material' gefertigt würden. Gold schien für sie in Hülle und Fülle, wie für uns Eisen und Blech, vorhanden zu sein und deshalb für die Herstellung von allen erdenklichen Gegenständen verwendet zu werden. Mein Gott, was hätten wir nur für einen goldenen Kamm zu zahlen?

Es überwältigte uns völlig, diesen unermesslichen Reichtum betrachten zu können. Das Volk der Inkas hatte Schätze, die jenseits unseres Erfassungsvermögens liegen. Und so ein einfacher Seemann, wie 'Pizzaro' konnte die

Gutmütigkeit der Indios ausnutzen, um sich und sein Land um ein unbeschreiblich großes Vermögen zu bereichern. Unfassbar!

Die Figuren und der Schmuck unterscheiden sich von der Form her sehr von dem, was wir als Europäer kennen. Nach einigen Vitrinen, gefüllt mit allen erdenklichen Gegenständen aus Gold wie Kämmen, Haarnadeln, Handwerkszeug, Broschen, Tierfiguren, Diademen, goldbesetzten Kleidungsstücken und vielem mehr wurden wir in eine besonders geschützte Kammer geführt, in der die Schätze nur so übereinander gestapelt waren. Was eine Pracht. Fantastisch! Kein Wunder, dass die Sicherheitsvorkehrungen extrem hoch waren. Selbst ein Bruchteil dieser Schätze hätte uns zu reichen Leuten gemacht.

Eines der faszinierernsten Stücke, die ich dort gesehen habe, war ein Tumi, ein Ritualmesser von einer unglaublichen Schönheit, einfach mitreißend. Die Eindrücke in diesem Museum bestärkten mich in meinem Bestreben, mehr über diese Kultur zu erfahren. Alles erschien so fremdartig, nicht vergleichbar mit dem, was ich je gesehen hatte. Sah man sich die Skulpturen an, so erhielt man den Eindruck, dass die Inkas unter anderem auch eine ganz andere Einstellung zum Leben, zur Männlichkeit und zur Sexualität hatten. Figuren waren nackt und mit überdimensional großen Genitalien dargestellt. Selbst in dieser übertrieben dargestellten Form empfand man eine große Natürlichkeit. Etwas das zuerst für Europäer etwas befremdlich erscheint aufgrund der Erziehung, die sie genießen.

Es ist schade, dass wir dort nur die Relikte aus der Zeit, der so hochstehenden Kultur, der Inkas bewundern konnten. Das Ausmaß der Schätze war trotz der Fülle nur zu einem minimalen Prozentsatz ausgestellt. Der größte Teil fiel der Habgier von Pizarro und seiner spanischen Armee zum Opfer. Es hat den Anschein, dass es in jeder Epoche, egal in welchem Teil der Welt, anscheinend immer wieder Menschen gibt, die glauben, Werte, Vorstellungen und Traditionen zerstören und durch ihre eigenen ersetzen zu können. Der Schaden, der dadurch entsteht, ist ideell, kulturell und materiell nicht im mindesten nachvollzieh- oder berechenbar.

Wir hatten noch ein anderes Problem, als wir diese unermesslichen Schätze sahen. Man erinnere sich an unsere Anreise zum Museum, wo wir in den Slums von Lima abendeten. Und nun dieser unglaubliche Reichtum! Welche Diskrepanz! Das Land hat soviel Vermögen und das Volk hungert trotzdem und hat keine Arbeit.

An uns selbst erkannten wir jedoch die Faszination, die die präsentierten Ausstellungsstücke hatten. Man war völlig entrückt! Wer wollte da nicht einen Anteil besitzen.

Wir erwarteten nicht noch etwas Schöneres zu sehen, aber wir waren ja erst am Anfang unserer Reise. Auf dem Rückweg zu unserem 15$ Hotel, für uns und den Ort eine beachtliche Summe, gemessen an dem Budget armer Studenten und der Tatsache, daß wir uns ja länger in Südamerika aufhalten wollten, hatten wir ein unangenehmes Erlebnis. Ein 'kleiner' Junge rannte auf mich zu und entriß mir meinen Talisman, ein goldenes Kettchen mit einem goldenen Elefanten als Anhänger, mitten auf einer belebten Straße vom Hals. Ich war erstarrt und reagierte deshalb überhaupt nicht. Vielleicht mein Glück, denn wir haben später herausgefunden, daß diese organisierten Straßenbanden auch nicht vor Gewalt zurückschrecken. Ein Messer haben zumindest alle dabei. Der Dieb rannte sofort auf die Straße zwischen die Autos. Klar war, daß es uns nicht schnell genug gelang, ihm zu folgen. Es war seine Heimat, hier verdiente er seinen Lebensunterhalt mit Stehlen und so kannte er sich natürlich viel besser aus als wir. Wir hatten nicht den Hauch einer Chance. Weg war mein Talisman und das, wo wir doch erst angekommen waren. Was würde uns auf unserer Reise wohl sonst noch erwarten? Diesen Kontrast von Reichtum, Armut und Gewalt mußte ich erst einmal verdauen. Der erlittene Schock währte jedoch nicht lange. Wir fanden einen Markt, der sich über das ganze Zentrum zu erstrecken erschien. Schon war ich abgelenkt. Mein Gott, da gab es wirklich alles. Früchte, die ich überhaupt nicht kannte oder noch nicht probiert hatte. Kleine Fingerbananen, mit dem Geschmack von unseren importierten nicht zu vergleichen, denn sie waren viel aromatischer. Pinas (kleine Ananas), Grenadine, Tunas, hier als Kaktusfeigen bekannt, Papayas, die mir nur schmeckten, wenn sie noch unreif waren, da sie sonst unangenehm rochen, und vieles mehr. Die Einheimischen schauten mich verwundert an. Sie konnten nicht verstehen, wie man nicht die überreifen Papayas lieben konnte.

Außerdem gab es Avocados und das Allerbeste waren diese kleinen Flaschentomaten. So super aromatisch! Wir erfuhren, daß wir vorsichtig sein sollten beim Verzehr der Artikel im Markt. Die Tomaten werden mit dem Kot der Indios gedüngt und da diese oft Darmerkrankungen haben könnten wir uns etwas holen. Denkste! Wir haben alles probiert und das Meiste für gut befunden ohne die lästigen Durchfälle etc.. Traumhaft waren die selbstgepressten Säfte für Epsilon, d.h. für ein paar Pfennig. Man durfte sich bloß nicht die Gläser anschauen, die nach jedem Kunden einmal durch nicht zu klares Wasser gezogen wurden.

Das Essen im Markt war preiswert. Wir dachten immer, was die Einheimischen essen und wo es voll ist, kann es nicht so schlecht sein. Deshalb aßen wir meist dort. Mein bevorzugtes Gericht war ,Cebiche', roher Fisch mariniert mit Zitronen, Zwiebeln und der für uns ungewohnten Art von Petersilie, die sehr parfümiert schmeckte. Ich hatte so etwas noch nie zuvor gegessen. Aber alles ist uns bekommen, trotz der unzähligen 'Unkenrufe'. Etwas, was wir auch nicht von Deutschland her kannten, waren die vielen öffentlichen Wasserspender, wo man seinen Durst zwischendurch stillen konnte. Eine praktische Einrichtung!

Lima hatte auch einige Sehenswürdigkeiten außer dem Museo de Oro zu bieten. Eine davon war die sehr interessante Kirche 'Inglesia San Francisco'. Für die Besichtigung hatten wir einen Führer 'Ricardo', einen Studenten zur Verfügung, den wir vor der Kirche kennen gelernt hatten. In seiner temperamentvollen Art und Weise zeigte er uns dort die Sehenswürdigkeiten einschließlich der riesigen Grube, gefüllt mit Relikten und Knochen von vor langer Zeit, unter der Kirche. Als wir aus der Kirche kamen war es schon dunkel. Aber gespenstisch dunkel, denn nirgends brannte Licht! Und das in einer Millionenstadt! Ricardo sagte, dass es besser sei, wenn er uns ins Hotel begleite, da Lima im Dunklen gefährlicher sei als am Tag. Nun, die Gefahr von Taschendieben kannten wir ja bereits. Also verließen wir uns auf Ricardo, schließlich war es ja sein zuhause! Auf dem Weg gab es nicht eine Straßenlaterne, die erleuchtet war. In den Häusern standen Kerzen auf dem Tisch. Richtig romantisch! Und doch immer wieder gespenstisch! Wir waren heilfroh, als wir unser Hotel erreichten. Natürlich war dort auch kein Licht. Ganz Lima schien von dem Stromausfall betroffen zu sein. Dies bewahrheitete sich recht schnell. Der Grund für die Finsternis war erschreckend und traurig zugleich. Die Senderos Luminoso (Leuchtender Pfad) hatten die Hauptstromzufuhr von Lima gesprengt. Sie schienen keinen Deut besser zu sein in ihrem Verhalten als die Spanier, die auch soviel hier zerstört hatten. In unserem Hotel fühlten wir uns aber trotz der Dunkelheit sicher und schliefen, nicht zuletzt aufgrund der Strapazen des Fluges und der Zeitumstellung sehr schnell tief und fest ein.

Ein Erlebnis neuer Art hatten wir, als wir in Lima das erste Mal in einem Kino waren. The Executor! Es war ein amerikanischer Film mit spanischen Untertiteln. Das Ganze war sehr lustig! Da wir genügend Englisch- und Spanischkenntnisse hatten, brachten uns die spanischen Untertitel herzhaft zum Lachen. Sie trafen nicht im geringsten den Sinn der amerikanischen Ausführungen. Aber dem ganzen Kinopublikum schien der Film so zu gefallen, wie er war. Es schien, dass Popcorn und Choca(Coca Cola) neben dem Film das wichtigste Vergnügen an der ganzen Veranstaltung waren.

Die weiße Stadt

Nachdem sich unser Interesse an Lima erschöpft hatte, ging es auf abenteuerliche Fahrt. Die Strecke hieß Lima-Nasca-Arequipa. Die Fahrt dauerte 22 Stunden. Der Bus war zwar okay, aber man hätte auch daneben herlaufen können. So langsam ging es voran. Die Fahrt führte durch die Wüste am Meer entlang. Wüste verbinden wohl die meisten Europäer mit Sand. Das es auch große Steinwüsten gibt, konnten wir dann auf dieser Fahrt erfahren. Unglaublich, diese Einöde mit Steinen, Steinen und noch mal Steinen und dann manchmal ein Haus 'Out of nowhere'. Das Meer lud optisch zum Baden ein, doch der Humboldtstrom sorgt dafür, daß die Temperatur des Wassers jeden eines besseren belehrte. Der Pazifik ist auf der Höhe von Peru bitterkalt. Ein Bad war hier nur für besonders abgehärtete Personen empfehlenswert!

'O Mann' war es in der Nacht kalt im Bus und keine Decken. Zitter! Es war recht schwierig, sich trotzdem irgendwie warm zu halten. Unsere Rucksäcke mit allen wärmenden Utensilien waren im Gepäckraum verstaut und wir konnten nicht an sie heran kommen. Zudem waren die Fenster nicht alle vollständig vorhanden. Einige waren durch Steine beschädigt worden und durch diese Löcher pfiff der Wind und die Kälte ganz schön durch. Wir warteten förmlich auf die Stops, denn mitunter war es draußen wärmer als im Bus mit dem Fahrtwind. Während der Stops gingen Händler durch den Bus und verkauften alle Arten von Süßigkeiten. Hier hatte ich dadurch dann auch meinen ersten Kontakt mit Maisplätzchen. Nicht schlecht!

Unausgeschlafen und verfroren erreichten wir Arequipa, die weiße Stadt, 'die' Kurstadt für die Peruaner. Wir holten unser Gepäck aus dem Stauraum und mußten feststellen, daß sie dort anscheinend außer Gepäck noch alles mögliche andere unterbringen. Unsere neuen Rucksäcke, extra für den Trip gekauft, waren durchtränkt mit Schmieröl. Igitt! Saubermachen funktionierte leider überhaupt nicht! Aber das unser Ausrüstung irgendwann Schaden erleiden würde, damit mußten wir wohl rechnen. C'est la Vie!

Der erste Weg führte uns zu einem Hotel, daß wir im South American Handbook, dem wichtigsten Utensil auf unserer Reise, gefunden hatten. Hostal Royal auf der Calle St. Juan de Dios. Ein klangvoller Name. Das war aber auch alles. Allerdings war es auch Kategorie F, es gibt keine billigere.

Das Zimmer kostete 9000 Soles damals umgerechnet 5DM. Da kann man wohl nicht soviel erwarten. Die Betten waren weich ohne Ende in Ermangelung eines Sprungrahmens und die Bettlaken wären bei uns wahrscheinlich nicht einmal als Putzlappen durchgegangen. Die Gemeinschaftsdusche war ständig besetzt. Nicht besser war es mit der Toilette, da die meisten Touristen an Durchfall litten. Als ich das Zimmer sah, wollte ich sofort wieder weg, aber der Rahmen unser finanziellen Möglichkeiten war gegeben und wir hatten ja wirklich noch viel vor und je länger das Geld reichte umso länger konnten wir auf diesem wunderbaren fremdartigen Kontinent bleiben. Also gut! Morgens um 8:00 Uhr hörten wir den Trompeter der benachbarten Guardia Civil. Er bließ zum Morgenappell. Dies zu hören war doch für uns etwas ungewöhnlich, aber verschlafen konnte man dadurch wirklich nicht. Kaffee wurde aufs Zimmer gebracht, wenn man lange genug wartete. Eine feste Zeit war dafür nicht vorgesehen. Er wurde 'serviert', wenn das Personal Lust und Laune hatte. Im Klartext hieß das, 'Manchmal gar nicht'. Lange schlafen war eigentlich nicht angesagt, da es soviel zu sehen gab. Da verzichteten wir lieber auf den Kaffee und machten uns früh auf um die Gegend auszukundschaften. Das Gute an dem „Hotel" war, das es mitten im Zentrum von Arequipa lag. Pulsierendes Leben pur! Da wir ständig unterwegs und abends völlig erschöpft waren fiel mir dieses miserable Zimmer nicht mehr ganz so sehr auf.

Wir stürzten uns in das Leben dieser wunderbaren Stadt. Arequipa hat einen wunderschöne Plaza de Armas als Zentrum. Dort ist im ersten Stock eines langen Gebäudes ein nettes Cafe' und Restaurant. Von dort aus konnten wir den ganzen Platz und die Menschen beobachten. Es machte Spaß dort zu sitzen, nur um etwas von der Geschäftigkeit und dem Treiben zu verfolgen. Schräg gegenüber ist eine große Kathedrale. Die Silhouette dieser Kirche mit dem El Misti, einem 5800m hohen Vulkan, der nur eine schneebedeckte Spitze hat, und dem tiefblauen Himmel im Hintergrund war traumhaft schön. Arequipa hat ihren Ruhm von der weißen Stadt nicht um sonst. Dieser Blick über die Plaza de Armas war immer wieder etwas besonderes. Wie es auch schon in Lima war sah man auch hier den Einfluß der Spanier auf Land und Kultur. Dies wurde uns wieder bewußt als wir die Kathedrale betraten. Dort fanden wir Kitsch pur vor. Es fiel uns etwas schwer uns daran zu gewöhnen, daß Puppen zu Madonnen zurechtgemacht werden, mit Glitzerzeug behängt werden und ein Ort der Demütigkeit zum Glamour eines Jahrmarkts zu werden schien. Aber die Indios scheinen die Tatsache akzeptiert zu haben nun dem christlichen Glauben anzugehören, denn die Kirchen sind gefüllt mit den Gläubigen, die beten im Vertrauen auf eine bessere Zukunft. Der Glaube scheint für sie der einzige Weg, mit dem Elend und der Armut in ihrem Land fertig zu werden.

Da wir ja die großen Aufstiege zu unserem Hausberg El Misti, sowie zu den zwei Bergen in Equador, Chimboraco und Cotopaxi geplant hatten, wurde es Zeit uns langsam in Form zu bringen. So machten wir einen kleinen Fußmarsch zu den Banos Jesus. Dies ist ein kleines 'Schwimmbad', mit einem Becken, das eine Länge von 5m Länge hat. Wenn man sich vom Beckenrand abstieß, war man auf der anderen Seite ohne überhaupt eine Bewegung gemacht zu haben, also nur zum Plantschen geeignet. Aber es war auch eine sogenannte Sauna dabei. Toll! Dachten wir und gingen hinein. Die Sauna war nur feucht warm, nicht so wie wir es gewöhnt sind, d.h. 90 Grad und mehr. Man hatte das Gefühl nicht richtig atmen zu können. Nichts für mich! Also zurück ins Schwimmbecken. Etwas für uns sehr ungewöhnliches war die Tatsache, daß die Frauen sowohl beim Baden als auch in der Sauna unter dem Badeanzug Unterwäsche trugen. Sie hielten sich in einer kleinen Ecke, dem 'Nichtschwimmerbereich', auf. Beim Schwimmen war ich die einzige im , man kann es wohl erahnen, winzigen Schwimmerbereich. Das schien ein Privileg der Männer zu sein. Kein Wunder, daß sie mich anstarrten. Eine gute Schwimmerin, die obendrein auch noch keine Unterwäsche unter dem Badeanzug trug. Als ich im Becken war hatte ich mich schon gewundert, so viele Blicke auf mich zuziehen. Ein netter Soldat auf Urlaub klärte uns über die dortigen Gepflogenheiten auf. So lernt man dazu.

Dieser Exkurs war nur als eine Ablenkung und Entspannung gedacht, die wir so nebenbei mitgenommen haben, denn schließlich wollten wir ja laufen um die nötige Kondition für das Bergsteigen zu haben. So sind wir von da über eine „Müllhalde", die Peruaner scheinen alles, was sie nicht mehr benötigen auf ihrem Weg fallen zu lassen, da sie Umweltschutz nicht interessiert, auf eine wunderschöne Tour aufgebrochen, die uns blühende Kakteen und Pflanzen, die wir nie zuvor gesehen haben, bescherte. Dieser Gegensatz ist unglaublich. Sie geben dieses schöne Land auf, vielleicht aufgrund des Leids oder vielleicht, weil sie die Schönheit dieses Lands nicht mehr sehen. Für uns war diese Wanderung durch ein wunderschönes Tal zurück in Richtung Arequipa ein unvergeßliches Erlebnis. Auf dem Heimweg aßen wir in einer absoluten Spelunke „El Pato". Das Problem in Peru ist, das man die Qualität der kleinen Restaurants nicht von außen erkennt und somit alle Chancen der Welt hat: entweder Schrott oder absolute Heimeligkeit unter den Einwohnern. Zu allem Unglück hatten wir noch zwei betrunkene Peruaner auf dem Hals, die unbedingt Brüderschaft mit uns trinken wollten. Bis wir die wieder los hatten! Das kostete uns schon einige Überredungskunst. Es ist typisch für Peru, ständig und überall Menschen in solch einem Zustand zu sehen. Leider leben die Peruaner in einer Lethargie, verursacht durch Alkohol und Drogen, daß Maß und Ziel oftmals verloren gehen. An jeder Ecke bekommt man eine Droge angeboten, gemahlene Blätter aus Kalk und Coca, die einen Zustand der Gleichgültigkeit hervorruft. Man sieht sie überall kauen, es wirkt wie ein Volkssport! Vielleicht ist es für sie auch die einzige Möglichkeit ihr Leid und ihre Armut zu vergessen. Wir erreichten unser Hotel aber ohne weitere Probleme oder Belästigungen.

Nun begannen wir unseren Aufstieg zum 5800m hohen El Misti vorzubereiten. Zuerst meldeten wir uns bei dem Bergclub von Arequipa um sicherzustellen, daß, wenn wir nicht mehr auftauchen, jemand nach uns sucht. Mit dem Bus sollte es dann nach Cacharmarca gehen, denn von dort wollten wir den Aufstieg beginnen. Keiner kannte jedoch die

Haltestelle nach Cacharmarca, diesem kleinen Ort, bestehend aus 12 Häusern. Aber wenn man ein Ziel vor Augen hat findet man auch den Ausgangspunkt. Auf unserer Suche sahen wir Kleinkinder, die auf der nicht asphaltierten Straße herumkrabbelten. Für uns unvorstellbar.

Unser Minibus fuhr nur einmal am Tag. Als er um die Ecke bog um seine Passagiere einzuladen war das der Beginn für unser erstes richtiges Abenteuer. Der Bus hatte zerschlagene Scheiben, sodass der Staub der nicht befestigten Strassen ständig in unser Gesicht wehte. Unsere Augen tränten ohne Ende. Stoßdämpfer schienen hier ein Fremdwort zu sein und das bei einer unbefestigten Straße. Man kam sich vor wie in einer Schiffsschaukel. Einmal durchgeschüttelt! Wie der Fahrer die 'Straße' überhaupt sehen konnte, war uns ein Rätsel. Seine Scheiben waren ganz mit Staub bedeckt. An der Windschutzscheibe hatte er eine große Jesusfigur und vor allem eine Gardine befestigt. Die Figur sollte uns wohl Vertrauen geben. Glaube versetzt ja bekanntlich Berge.

Diese Fahrt war wirklich nicht ganz gewöhnlich. Wie viele trockene und teilweise aktive Bachläufe wir durchquert haben weiß ich nicht mehr. Aber es waren einige. Die vielen Schlaglöcher brauche ich wohl nicht weiter zu erwähnen. Unterwegs hielt der Busfahrer mehrere Male an um einige Passagiere abzuladen. Kein Haus und kein Schild deuteten die Präsenz einer Siedlung oder auch nur Behausung an. Wo diese Menschen lebten war uns ein Rätsel.

Es war dunkel, als wir endlich das kleine Dorf Cacchamarca erreichten. Bei einem Dorf von zwölf Häusern stellte sich die Frage, wo wir schlafen könnten. Diese erübrigte sich, denn der Busfahrer Juan lebte in dem Ort und bot uns gleich ein Bett in seiner Hütte an. Er fuhr morgens die Leute nach Arequipa und karrte sie abends zurück.

Die Hütten in dem Ort waren ein Erlebnis. Kein Strom und primitive Verhältnisse, die für uns unvorstellbar waren. Als ich auf die Toilette musste und fragte, öffnete Juan die Eingangstür, streckte seinen Arm weit aus und sagte nur:"Todos". Zum Essen gab es nur trockenes Brot, dem wir einige Konserven beisteuerten. Aber der Hammer war das Bett. War es in Arequipa schon schlecht, dieses war sperrmüllreif, wenn überhaupt. Ein paar Sprungfedern und das war es. Dummerweise liegt der schwerere in der Kuhle, der leichtere auf der Schrägen, was ein einigermaßen angenehmes Schlafen verhindert. Dieter erwischte deshalb, im Gegensatz zu mir, eine 'gute Mütze' Schlaf. Meine Knochen haben mir nicht ohne Grund am nächsten Morgen gezeigt, dass ich ihnen in dieser Nacht keinen guten Dienst erwiesen habe. Aber wenn man sich soviel vorgenommen hat, wie wir, nimmt man das in Kauf. Trotzdem war diese Gastfreundlichkeit des Busfahrers unglaublich. Er hat uns halt das gegeben, was er anbieten konnte. Und dort oben war er bestimmt der Privilegierte. Das die anderen noch weniger hatten, sollten wir später noch merken.

Bei Tagesanbruch ging es dann los. Unser Ziel war der El Misti mit einer Höhe von 5800m. Der erste Teil des Weges war wunderschön. Dann kamen wir auf einen breiten Weg aus Sand, der kein Ende nehmen wollte. Sand, d.h. natürlich Lava. Wer jemals auf Dünen gelaufen ist, weiß, was das heißt. Ein Schritt vor, zwei zurück. Ein mühseliges Unterfangen. Unsere Pausen wurden immer häufiger. Das Wetter war fantastisch, was im Klartext hieß: Sonne, Sonne, Sonne. Eigentlich ein Segen, aber ohne Schatten eine Qual. Der Wasservorrat wurde langsam knapp, aber wir rechneten ja damit, Schnee schmelzen zu können. So machten wir uns nicht viele Gedanken. Ich stellte aber fest, dass mein Körper große Mengen von Flüssigkeit benötigte und die war im Moment in Frage gestellt. Wir fanden eine schöne Stelle für unser Camp, denn schließlich mussten wir ja übernachten. Dies war die erste Bewährungsprobe für unsere Ausrüstung, die wir uns extra für diesen Exkurs zugelegt hatten. Dazu gehörten ein Aluzelt, das auch in großen Höhen verwendbar sein sollte. Dies galt auch für unsere Biwak- und Schlafsäcke. Trotz des guten Wetters herrschte starker Wind, der den Aufbau des Zeltes erschwerte. Wir hatten genügend Verpflegung mitgenommen, aber auf große Mengen Wasser verzichtet, denn die wogen ja auch einiges. Unser Abendessen sollte vor allem aus Reis bestehen. Das der Siedepunkt von Wasser in dieser Höhe niedriger liegt, hatten wir nicht bedacht. Endresultat war, das der Reis nicht gar wurde. Im nachhinein war es sowieso dumm, Reis mitzunehmen, da dieser auch noch entwässert. Wo sollte man dann das Wasserdefizit noch ausgleichen? Nichts desto trotz haben wir den Reis mit Zimt und Zucker „geknackt." Gerade als wir schlafen gehen wollten tauchte ein Pärchen auf, das auf dem Weg 'runter war. Sie hatten sich vom Rest ihrer Truppe getrennt, weil die Tour ihnen zu viel war und sich auf den Rückweg gemacht. Nicht gerade ermutigend! Aber wir kannten ja ihre Vorbereitung nicht. Und so machten wir uns im Morgengrauen wieder auf und ließen alles bis auf die Verpflegung zurück. Wir liefen und liefen, sahen den Gipfel vor Augen, aber immer wenn wir dachten, dass wir es geschafft hätten, ging es weiter bergauf. Vulkane sind aufgrund ihrer Struktur tückisch. Man sieht immer nur den vermeintlichen Gipfel vor Augen. Dann ist man soweit und der Weg geht weiter, weil man getäuscht ist. Frust! Meinen Freund Dieter voraus, fing ich an sogar die Schritte zu zählen. Die beste Methode war eigentlich, in Serpentinen den Berg zu überwinden. Aber wenn man den vermeintlichen Gipfel ständig vor Augen hat, ist die Versuchung groß, den direkten Weg nach oben zu nehmen. Das dieses Unterfangen sehr viel anstrengender ist haben wir dann auf schmerzliche Weise erfahren. Unser Wassermangel wurde immer größer. Das bisschen Schnee lag auf der anderen Seite von der Kuppe. Trotzdem wollten wir vor diesem Berg nicht schlappmachen. So kämpften wir uns Schritt für Schritt weiter, das Ziel vor Augen den Gipfel zu erreichen. Der feine Lavastaub setzte sich in meinen Bergsteigerstiefeln fest und fing an zu reiben. Erst zählte ich noch 60 Schritte vor jeder Pause, dann nur noch 40. Am Schluss waren es nur noch 30. Der Abstand zwischen Dieter und mir wurde immer etwas größer. Es ist halt von Vorteil, größer zu sein. Bei 30cm Differenz kann sich glaube ich jeder vorstellen, was das dann in der Schrittlänge ausmacht. Dieter wartete immer wieder, so dass ich wenigstens immer noch das kleine Ziel vor Augen hatte, bis zu ihm zu kommen. Eigentlich konnte und wollte ich nicht mehr. Ich fragte mich, warum ich mir das Alles überhaupt antat. Da sah ich ihn ein Stückchen weiter oben wieder sitzen, ungefähr 100m unterhalb des Gipfels. Als ich ihn erreichte, sagte er: "Wir kehren um!" Das konnte doch nicht wirklich wahr sein! So kurz vor dem Ziel zu resignieren! Ich wollte mir es nach diesen Strapazen nicht antun, kampflos aufzugeben. Die paar Meter würden wir auch noch schaffen. Mittlerweile hatten wir die schneebedeckte Kuppe erreicht und nun hatten wir endlich die Möglichkeit, etwas Schnee zu tauen, der um uns herumlag, um Wasser zu bekommen. Dies hob unsere Stimmung ganz erheblich. Und weiter ging es auf diesem für uns 'mörderisch' anmutenden Aufstieg. Aber es waren ja nur noch wenige Höhenmeter zu bewältigen. Also auf ein Neues. Durch die Struktur des Vulkans war die Aussicht bei weitem nicht so, wie wir sie uns vorgestellt hatten. Letztlich sahen wir nur den nächsten 'Absatz' nach unten. Das Tal war nicht zu erblicken. Ziemlich ernüchternd nach den Strapazen, die uns dieser Aufstieg gekostet hatte.

Nachdem wir uns eine Weile ausgeruht hatten, machten wir uns auf den Weg zurück zu unserem Camp. Den Abstieg erlebte ich nur noch in Trance. Schwarzer feiner Lavastaub, ein paar Steine dazwischen und Sonne, Sonne, Sonne. Man sollte meinen, dass es bergab leichter gehen würde. Aber weit gefehlt. Man geht nicht, man rutscht! Und immer mehr Sand dringt durch jede kleine Öffnung in die Schuhe. Und der reibt und reibt und reibt! Wir konnten das Basiscamp und unser Zelt schon sehen, als ich beschloss, einfach sitzen zu bleiben und nicht mehr weiter zu gehen. Verrückt, was? Die paar Meter und ich wollte nicht mehr. Wenn ich dort sitzen geblieben wäre, hätte ich ganz schön leiden müssen, denn jeder kann sich wohl vorstellen, wie kalt es nachts in einer Höhe von 5000m wird. Langsam kam ich wieder zur Vernunft. Meine Isomatte, der warme Schlafsack und der warme Überzug aus Alu warteten. Und Schlaf hatten wir uns nach dem mörderischen Abstieg weiß Gott verdient.

Im Camp gesellten sich 6 Franzosen zu uns. Sie hatten die gleiche Tour vor wie wir. Sie erzählten uns, das sie gerade in Peru angekommen waren. Wir wollten sie eigentlich nicht abschrecken, aber durch unsere Erfahrungen mit Franzosen wussten wir, dass diese zwar immer wilde Touren unternehmen wollten, sich aber nicht ausreichend vorbereiteten und vor allem nicht lange genug in großer Höhe waren, bevor sie aufbrachen. Wenn man einmal jemand mit Höhenkrankheit gesehen hat, weiß, was das heißt. Wir hatten später in dieser Beziehung noch mehrere Erlebnisse, die unsere Erfahrungen nur bestätigten. Mit unter können durch unverantwortliches Verhalten, wie dieses, andere Menschen in Gefahr gebracht werden und ich glaube keiner hat das Recht. Sich selbst in Gefahr zu bringen, mag jedem überlassen zu sein. Aber Andere mit rein zuziehen, ist unfair. Nach unserem Bericht entschlossen sich vier Franzosen, umzukehren. Zwei hatten den gleichen unbändigen Wunsch wie wir, diesen El Misti zu erklimmen.

Etwas tolles am Bergsteigen ist, dass es Menschen unglaublich verbindet. Dies liegt nicht zuletzt an der Extremsituation, in der sich jeder auf den anderen verlassen können und im Notfall auch helfen muss. So kochten die Franzosen und luden uns ein, ihr Mahl mit ihnen zu teilen. Wäre es abends nicht so schrecklich kalt geworden, hätten wir vermutlich noch lange gesessen um Erfahrungen und Erlebnisse auszutauschen. So aber zogen wir es vor, die Nacht in unserem Schlafsack zu verbringen. Als ich aufwachte, musste ich mit Schrecken feststellen, dass meine Fersen schon eitrig waren. Mann, das ging wirklich schnell. Mir schwante nichts gutes, den es würde den Abstieg erheblich erschweren. Wer schon Berge bestiegen hat und schon einmal Blasen gehabt hat, weiß, dass die ersten Schritte höllisch weh tun. Danach wird es besser, es sei denn, man setzt sich zwischendurch hin. Aber bei mir eiterte es schon und so wurde der Abstieg zur Qual. Wir liefen und liefen und das Wasser, das wir aus dem Schnee gewonnen hatten war auch schon so gut wie aufgebraucht. Dies hieß: "Einteilen!" Wenn man riesigen Durst hat, fällt das jedoch sehr schwer. Durch das Laufen wurde der Zustand meiner Füße weiß Gott nicht besser, aber mich hinzusetzen traute ich mich nicht. Ich hatte Angst, dass es nur noch schlimmer würde. Also ging es immer weiter. Aber der Hit war, dass wir uns auch noch verliefen. Dies hieß, mehr zu laufen als mit meinen ohnehin demolierten Füßen angebracht war. Ein Stück des Weges führte uns durch ein ausgetrocknetes Flussbett. Halt nicht ganz! Aber konnten wir dieses Wasser wirklich trinken? Es floss nur als kleines Rinnsal dahin! Durst löschen und dann Erleichterung aber eventuell gefolgt von Darminfekt? Dies war uns doch zu gewagt.

Steine, Steine, Steine! Das Laufen über die teilweise riesigen Brocken im Flussbett gestaltete sich nicht gerade einfach. Ständig mussten wir auf der Hut sein, nicht seitlich abzurutschen. Meine Füße schmerzten ständig mehr. Der Weg war für ihren Zustand nicht gerade geeignet. Dann erschienen jedoch endlich die kleinen Hütten von Cachamarca. Es war gar nicht leicht, am Tag Menschen in dieser kleinen Siedlung zu finden. Die meisten waren unterwegs zur Arbeit auf ihren Feldern. Uns erstaunte, wie diese Menschen hier oben auf dem kargen Boden überhaupt etwas bestellen konnten.

Aber wir wurden fündig. Eine Familie war zuhause. Der Esel, ihr Prunkstück, stand vor der Tür. Als wir unsere Lage schilderten, baten sie uns sofort hereinzukommen. Wir traten ein in die 'Einraumbehausung'. Der Fußboden der Hütte bestand aus dem Sand und den Steinen, die die Natur hier oben bot. Meerschweinchen, hier Cuys genannt, liefen überall um unsere Füße herum. Die Familie zählte sieben Mitglieder. Oma, vier Kinder und ihre Eltern. In dem Raum standen drei Betten für sieben Personen. Unglaublich! Wenn man aus einer 'zivilisierten' Welt kommt, ist man erschüttert, in welcher Armut diese Leute leben. Für uns wäre es bis dahin undenkbar gewesen, dass es Menschen gibt, die so arm sind, dass sie unter solchen Umständen wohnen müssen. Aber, komisch! Sie zeigten uns ganz stolz ihre wenigen Habseligkeiten. Es schien fast als wären sie zufrieden mit dem was sie hatten.

Die ganze Familie war unglaublich freundlich zu uns. Sie brachten eine Schüssel, die mit einer, für mich, merkwürdigen Brühe gefüllt war. Obendrauf schwamm etwas, das wie Kräuter aussah. Ich verschwendete keinen Gedanken daran, was es für ein Getränk sein könnte. Hauptsache es war Flüssigkeit! Und bei unserem Wassermangel dachten wir an nichts anderes als diesen so schnell wie möglich zu beseitigen. Mit einer Kelle schöpfte die Oma des Hauses einen Teil der 'Kräuter' ab und überreichte mir dann ganz stolz eine Tasse mit dem für mich köstlichen Getränk. Niemals hatte etwas so wunderbar geschmeckt, wie diese Brühe. Sie nannten es Chicha. Ich konnte gar nicht genug davon bekommen. Deliziös! Aber Dieter bremste mich nach der zweiten Tasse. Wir durften die Gastfreundschaft dieser Familie nicht überstrapazieren. Später sollte ich erfahren, was der Inhalt dieser Schüssel war. Mais, den die Menschen kauten. Danach kam dieser in eine Schüssel. Durch den Speichel setzt ein Gärungsprozess ein und nach einer Weile kann man es dann als Chicca trinken. Ich habe später oft darüber nachgedacht, ob ich Chicca getrunken hätte, wenn ich die Art der Zubereitung gekannt hätte. Damals hatte ich nur Durst, Durst, Durst! Es erschien mir so köstlich. Ich habe seit diesem Tag nie wieder Chicca getrunken. Aber eines Tages werde ich zurückgehen um herauszubekommen, ob es nur an meinem Flüssigkeitsmangel gelegen hat, dass ich dieses Getränk so sehr gemocht habe.

Hunger hatten wir auch ganz ordentlich und die Familie wollte etwas für uns kochen. Dazu muss ich die Hütte noch weiter beschreiben. An der Decke hing Fleisch, das zum Trocknen gedacht war, umgeben von unzähligen Fliegen. Nicht gerade sehr einladend. Von der Form her, konnte man davon ausgehen, dass es sich um Meerschweinchen handelte. Hier eine Delikatesse, für uns gewöhnungsbedürftig! Der Hausherr entschuldigte sich unentwegt, dass er uns das Fleisch nicht zum Essen anbieten konnten, da es nicht lange genug abgehangen war. Ich schaute immer hoch und dachte: "Lieber Gott! Hoffentlich entschließt er sich nicht dazu, das Fleisch schon als esswürdig zu betrachten." Meine Gebete wurden erhört. Die Hausherrin erschien mit einer Schüssel Bratkartoffeln und Tomaten ohne Fleischbeilage. Schmeckte das köstlich! Unter extremen Bedingungen scheint man zu lernen, die kleinsten Dinge zu schätzen. Eine denkwürdige Erfahrung! Als wir mit dem Essen fertig waren erfuhren wir, dass eines der Kinder krank war. Es litt unter Fieber und Husten. Wir waren ja für alle Fälle gerüstet und so hatten wir auch einige Medikamente dabei, die wir sehr gern für das Kind zur Verfügung stellten.

Ich hatte ja die Peruaner als sehr lethargisch beschrieben und so wunderte es uns nicht, als die Frage nach Schmerzmitteln und anderen Medikamenten aufkam. Haben sie kein Coca, greifen sie zu jedem Medikament, das greifbar ist um in einen Zustand der Gleichgültigkeit zu verfallen. Die unglaublich große Gastfreundlichkeit erforderte von uns wenigstens eine kleine Gegenleistung. Aber wenn man nur mit dem Rucksack unterwegs ist, hat man nicht viel zu bieten. Medikamente konnten wir entbehren, denn wir wussten mittlerweile, wo wir sie im Notfall in Arequipa beziehen konnten. So fanden wir es angemessen, einen Teil unseres 'Vorrates' der Familie zu überlassen. Sie hatten so wenig und hatten uns trotzdem so köstlich bewirtet. Selbst einige Kleidungstücke wechselten den Besitzer. Aber von seiner Daunenjacke wollte Dieter sich trotz erheblicher Überredungsversuche selbst unter Anbieten von Geld nicht trennen. Wir hatten ja noch viel vor und wer wusste zu dem Zeitpunkt schon, ob wir etwas vergleichbares, geeignet für unsere großen Vorhaben, finden würden. So erschien der Hausherr ziemlich enttäuscht. Dies änderte sich jedoch schlagartig, als wir ihm einige Münzen unserer Währung überreichten. Sie waren nicht groß im Wert, doch das war für ihn gar nicht wichtig. Er hatte etwas erhalten, dass keiner außer ihm in der Gegend hatte. Er war total stolz. Die ganze Familie und selbstverständlich auch wir freuten uns sehr darüber, dass es dem kleinen Mädchen nach Einnahme der Medikamente ziemlich schnell erheblich besser ging. Da wir nun wussten, dass die Mittel wirkten, überließen wir ihnen auch noch den Rest davon.

Wir hatten schon lange genug die Gastfreundschaft dieser so netten Familie in Anspruch genommen. So beschlossen wir aufzubrechen. Nicht ohne uns noch einmal ganz herzlich für alles zu bedanken. Zum Abschied gab es noch ein Abschiedsfoto von allen Familienmitgliedern mit Esel. Dann ging es weiter. Der Gedanke an diese Familie beschäftigte mich noch sehr lange. Es erschien unglaublich, dass Menschen, die selbst so gut wie gar nichts hatten, bereit waren, ihre 'bescheidenen Gaben' mit Fremden zu teilen. Ich glaube, in unserer materialistischen Gesellschaft wäre es nicht gerade einfach, Menschen zu finden, die dazu bereit wären. Unsere Vorfahren wollen die Zeiten, in denen es ihnen nicht so gut ging, vergessen. Und unsere Generation hat, gemessen an dem Leid und der Armut der Leute in Peru, nie um Brot und die elementaren Bedürfnisse des Lebens kämpfen müssen. Manch einem würde es gut tun, einmal diese andere Welt zu sehen um schätzen zu lernen, was er hat.

Der nächste größere Ort, von wo aus wir einen Bus zurück nach Arequipa nehmen konnten, hieß Chiquata und war nach Aussage unserer Gastgeber ½ Stunde von unserem Standort entfernt. Es war 15:45Uhr und wir wussten, dass der Bus um 16:00 Uhr abfahren sollte. Wollten wir ihn erreichen, mussten wir uns beeilen. Eigentlich hatten wir keine Chance, aber zurück zur Mentalität der Peruaner. 'Nothing's on Time'! So versuchten wir rennend unser Glück. Und das mit meinen Füßen! Aber im Bus würde ich genügend Gelegenheit haben meine geschundenen Glieder zu schonen.

Wie schon prognostiziert fuhr der Bus später. Als wir ankamen, war er noch nicht einmal da. Ich weiß nicht, wie es anderen Leuten nach der Besteigung eines Berges unter unseren Bedingungen ergehen würde, aber ich habe seit diesem Trip ständig Angst, dass nicht genügend zu trinken da ist. Was dazu führt, kistenweise Mineralwasser zuhause zu haben. Durst ist für mich das Schlimmste, was es gibt.

Apropos Durst! An der Bushaltestelle war er schon wieder da. Es gab dort eine Art Gemischtwarenladen, der unter anderem Limonade anbot. Was ich beim Erwerb von zwei

Flaschen dieses Getränks von merkwürdiger orangener Farbe, die sehr an Chemie pur erinnerte, vergaß war, dass Peruaner Süßes lieben. Was ich kaufte, war keine Limonade, wie wir sie kannten sondern Zuckerwasser pur. Das bedeutete, das ich meinen Durst noch als viel schlimmer als zuvor empfand. Die Busfahrt war deshalb nur durch den Gedanken nach Wasser oder ähnlichem bestimmt.

Als wir in Arequipa ankamen versagten meine Füße mir fast völlig ihren Dienst. Mühsam schleppte ich mich langsam in Richtung Hotel. Was eine Qual! Gut, das wir alle Arten von Medikamenten dabei hatten. Eine Tablette, Rivanol, aufgelöst in Wasser sollte mir durch Umschläge Linderung verschaffen. Sie sollte die Entzündung aus dem Körper ziehen. Es klappte hervorragend. Dieses Heilmittel hatte mich noch nie im Stich gelassen und so funktionierte es auch diesmal. Es dauerte zwar eine ganze Weile, sprich eine Woche war ich außer Gefecht, aber danach ging es aufwärts.

An das Anziehen von normalen Schuhen war erst einmal nicht zu denken. Also lief Dieter los auf den Markt um Schlappen für mich zu besorgen. Dies stellte kein Problem dar, denn viele Peruaner tragen, egal wie kalt es wird, keine Schuhe sondern Schlappen, die wir bei uns im Schwimmbad oder in der Sauna tragen würden und so konnte man diese an jedem Stand für ein paar Pfennige erwerben. Wahrscheinlich waren sie wesentlich billiger als Lederschuhe. Für mich waren sie ein Segen. So konnte ich mich wenigstens bewegen, ohne große Schmerzen zu haben. Denn schließlich war ich ja nicht nach Peru gekommen, um in einem heruntergekommenen Hotel herumzusitzen. Interessiert, wie ich war, konnte ich weiter auf den Spuren dieser Kultur wandeln und hier fielen Menschen in Schlappen nicht auf im Gegensatz zu denen in Schuhen.

Der Markt in Arequipa war noch viel schöner als in Lima. Es zog mich ständig wieder dort hin. Unglaublich war es für mich, diesen einen Mann zu sehen, der keine Beine mehr hatte und auf einer Art Skateboard ständig im Markt auf

Achse war. Trotz seiner unglaublichen Behinderung versuchte er seine Waren, Süßigkeiten und Lose für eine Lotterie, zu verkaufen. Dieser Mensch war für mich ein Phänomen. Er entsprach nicht den vielen Menschen, die wir bis jetzt gesehen hatten, die, resignierend, ohne Energie, auf eigentlich nichts anderes als das Ende warteten oder auch nicht.

Etwas, das wirklich Spaß machte, war das Feilschen mit den Händlern auf dem Markt. Sie waren enttäuscht, wenn man einfach einen Preis akzeptierte. Also entwickelten wir uns zu Experten im Feilschen. Nichts wurde zum vorgegebenen Preis erstanden. Da wir zu zweit waren, entwickelten wir eine besondere Methode, den Preis zu drücken. Wenn ich etwas sah, das mir gefiel, zeigte ich es Dieter und fing an zu 'schwärmen'. Doch dieser schüttelte nur den Kopf und sagte: "Zu teuer!" Ich redete auf ihn ein, scheinbar ohne Erfolg. Dies hatte stets zur Folge, dass der Händler anfing, mit dem Preis 'runter' zu gehen. Manchmal gelang es uns, den Preis bis um die Hälfte zu drücken. Es war wie ein großes Spiel. Mit der Zeit fingen wir an, das Handeln und Feilschen genauso vergnüglich zu finden wie die Händler. Aber letztendlich hatten wir jedoch immer das Gefühl, übers Ohr gehauen zu werden.

In Arequipa gab es wahnsinnig viel zu sehen. Das interessanteste war das Kloster Santa Catalina. Hier lebten ursprünglich 450 Nonnen, die völlig abgeschieden von der Zivilisation ihrem Glauben fristeten. Sie hatten nur einige weibliche Dienerinnen, die ihnen zur Hand gingen. Von den Nonnen blieben nur wenige übrig und diese zogen sich in einen kleinen Teil des Klosters zurück. Der Rest des Klosters wurde der Öffentlichkeit zugänglich gemacht mit traumhaft schön restaurierten Räumen mit Deckengemälden und vielen Zimmern, die erahnen ließen, wie die Leute früher hier gelebt hatten. Die Einrichtung war zum Großteil erhalten, was uns einen Einblick in das frühere Dasein und die Gepflogenheiten der hier ansässigen Nonnen ermöglichte. Sie hatten sogar ein kleines Cafe, in dem sie die Kuchen, die sie selbst backten, verkauften.

So verging die Zeit wie im Flug bis meine Füße heilten. Und jeden Tag um die ungefähr gleiche Zeit fanden wir uns immer wieder am gleichen Ort ein. Dies war der Markt, in dem uns fast jeder kannte und wo wir immer wieder mit dieser ausgewählten Freundlichkeit behandelt wurden. Zur täglichen Ernährung dort gehörten für mich die so toll schmeckenden frischgepressten Säfte in den leider nicht so sauberen Gläsern und natürlich Cebiche. Das waren natürlich nicht die einzigen Sachen, die man dort bekommen konnte, aber die für mich besten. Hinzu kam, dass das Cebiche bei den Einheimischen so beliebt war, dass eine unglaubliche Nachfrage bestand. Dies machte uns sicher, dass wir nichts Altes angedreht bekamen, sondern alles ständig frisch aufgefüllt wurde.

Aber auch hier in Arequipa fanden wir wieder einen Wermutstropfen! Auf unserem mittlerweile üblichen Weg zum Markt schlitzte jemand von hinten den kleinen Rucksack, den wir immer mit uns führten, auf. Wir hatten dabei Glück im Unglück, denn der Täter konnte nichts mitnehmen, da wir von einigen Leuten durch Rufe gewarnt wurden. Die Kehrseite der Medaille! Gastfreundschaft auf der einen, Bandentum, nicht zuletzt auf die Armut zurückzuführen, auf der anderen bestimmten nun einmal das Leben hier.

Toll ist, dass es immer noch richtige Barbiere gibt, die für nur ein paar Pfennige Bart und Haar in den Griff bekommen. Das sie vielleicht nicht unsere Vorstellungen teilen, ist eine andere Sache. Bei meinem Freund sah es nach dem Haarschnitt irgendwie aus wie ein Kahlschlag, da er für einen Amerikaner gehalten wurde und somit einen typischen, nach den Vorstellungen des Barbiers, G.I. Schnitt erhalten hatte. Er musste, meiner Meinung nach ein unglaubliches Vertrauen haben, sich auch noch unter das Rasiermesser des Barbiers zu legen. Gut, dass ich kein Mann bin. Dieser Gedanke, dass jemand mit einem scharfen Messer an meiner Kehle herumhantieren könnte, klingt nicht sehr vertrauenserweckend. Doch wer in der Stadt etwas auf sich hielt und das nötige Kleingeld hatte, besuchte einen Barbier. Nach ein paar Wochen musste ich aber eingestehen, dass der Barbier auf lange Sicht gesehen gute Arbeit geleistet hatte.

Meinen Füßen ging es schon viel besser und so entschlossen wir uns unsere Zelte in dieser wundervollen Stadt Arequipa abzubrechen um mein persönliches Traumziel, den Titicacasee anzusteuern.

Weite, Weite, Weite

Wir nahmen den Zug von Arequipa über Juliaca nach Puno. Das war ein unglaubliches Erlebnis. Die Llana, diese Hochsteppe, die wir durchquerten um unser Ziel zu erreichen war unbeschreiblich schön. Meistens sah man nichts außer Wildnis. Dann auf einmal war da eine Herde Llamas. Die Hirten waren meist weiblich. In ihrer landesüblichen Tracht mit ihren weiten bunten Röcken und ihren so fremdartigen Hüten, die fast an einen Abklatsch des Hutes von Charlie Chaplin erinnerten, bildeten sie einen farbigen Kontrast zur Einöde und der Einsamkeit, die man nach einer Weile auf der Fahrt empfand. Sie tauchten aus dem Nichts auf, genauso wie die verlassenen Häuser, welche die Spur des Zuges säumten. Und dann wieder nur Einsamkeit, manchmal ein paar Llamas.
Dann hielt der Zug. Man sah nur ein einziges Haus. Eine Frau in Landestracht schaute verstohlen heraus. Sie schien der vielen Touristen überdrüssig, die sie während des Stops zu fotografieren versuchten und verschwand so ziemlich schnell wieder in ihrer Behausung. Peruaner sind außerhalb der typischen Touristenorte sehr scheu.
Und dann wieder diese weite Steppe, in der man keinerlei Leben erwartet. Die Fahrt dauerte insgesamt 11Stunden. Da kann man wohl die Weite und Einsamkeit erahnen, die uns begegnete. Auf jeder Station der Strecke wurden Lebensmittel und Alpakawaren verkauft. Es war irrsinnig verlockend, denn jeder Pullover, ,jede Jacke, jede Mütze, jedes Paar Handschuhe, jedes Paar Socken und alles andere, dass sie anboten, war mit den verschiedensten Mustern der Indios versehen. Mitunter hatte man jedoch den Eindruck, das, was sie als 'Puro Alpaka' verkauften auch in

einem Chemielaboratorium entstanden sein könnte, denn die Farben waren so grell und intensiv. Ich verband sie nicht gerade mit Naturfarben.

Die Fahrt in einem Zug durch die Anden ist in keiner Weise mit der in einem Zug in Europa zu vergleichen. Wir hatten zwischen den Sitzen Tische, auf denen Mate de Coca, eine Teesorte, die aus Cocablättern hergestellt wird, serviert wurde. Dieser Tee ist sehr nützlich, da er im Ruf steht, die unangenehmen Erscheinungen der Höhenkrankheit zu lindern. Am Anfang war der Geschmack gewöhnungsbedürftig, aber nach einer Weile wurde der Tee zu unserem Lieblingsgetränk, zumal er allerorts serviert wurde.

Eine große Bahnstation war Juliaca. Bevor wir dort ankamen, wurden alle Türen von den Abteilen verschlossen. Dies war unerlässlich wegen der Diebe, die auf dem Bahnsteig warteten, um die Touristen, die soviel zu bieten hatten, was es dort nicht gab, auszunehmen. So wurden die Waren durch die Fenster der Abteile feilgeboten. Natürlich musste man dort, genau wie überall in Peru handeln. Es ist wie ein Volkssport. Nur ist dort in den Zügen die Zeit begrenzt durch den Fahrplan. Dies führt mitunter dazu, dass man Waren in der Hand hatte, sich nicht einigen konnte und der Zug abfuhr. Ich weiß nicht, wie viele Touristen auf diese Weise Prunkstücke erworben hatten und die Händler ihre Arbeit umsonst machten. Unser Zuggegenüber, eine sehr selbstbewusste Frau, die sich auf ihre Reise ohne Begleitung eingelassen hatte, war eine von ihnen. Sie konnte einen Pullover ihr eigen nennen, der 22000 Soles gekostet hätte. Er war wunderschön und sie freute sich, dass sie so ein 'Schnäppchen' gemacht hatte. Die Händlerin, die ihn angeboten hatte, war wohl selbstverständlich anderer Meinung. Immerhin steckte in den kleinen Kunstwerken eine Menge Arbeit. Die komplizierten Muster erforderten sehr viel Geduld und Geschick. Außerdem muss man sich vorstellen, wie lange die Indios von dem Erlös eines solchen Pullovers leben konnten. Die Lebenshaltungskosten waren nun einmal mit denen der Europäer nicht zu vergleichen. Die betroffene

Händlerin lief schreiend und fluchend neben dem fahrenden Zug her. Mir tat diese Frau sehr leid. Sie hatte nicht viele Möglichkeiten, etwas zu verkaufen, denn es fahren nicht zu viele Züge durch Juliaca, obwohl diese Stadt im Gegensatz zu anderen Stationen ein Verkehrsknotenpunkt darstellt.

Ich erstand dort ein paar Handschuhe mit einem der beliebtesten Motive der Gegend. Llamas! Für sage und schreibe 3000 Soles, sprich 1$.

Im Dunkeln erreichten wir Puno. Das Hotel 'Arequipa' hatten wir uns schon im Zug in unserem South American Handbook ausgesucht. Natürlich wieder Kategorie F. Es kostete 15000 Soles, was umgerechnet 5$ bedeutete. Jedes Zimmer hatte WC. Ein Fortschritt gegenüber dem Zimmer, welches wir in Arequipa hatten. Es gab aber Nachteile, die wir sehr schnell erkennen sollten. Beim Duschen sagte das warme Wasser meistens 'Ade'. Dies kam, da die Stromzufuhr öfters unterbrochen war. Nun ist es in der großen Höhe von Puno nicht warm. Kalte Duschen waren dort dann nicht ganz das, was man sich wünschte. Aber auf der anderen Seite wurden wir durch diese, trotz der langen Fahrt im Zug, 'Ruck Zuck' wieder fit.

Gut gesättigt machten wir uns auf, die Stadt Puno zu erkunden. Wie immer gab es einen großen Markt, der direkt an der Bahnstrecke lag. Die Alpakawaren schienen von Nord nach Süd immer billiger zu werden. Sie lockten zum Kauf. Traumhaft schöne Mützen erweckten unser Interesse. Sie waren in Filigranarbeit gemacht und zeigten Motive wie Vögel, Llamas, Sterne und Muster, die an die aus Norwegen erinnerten. Kleine Meisterwerke!

Ein Erlebnis besonderer Art war unser Besuch im Kino. Der Eingang war so groß, wie wir es von uns gewohnt waren. Die Eintrittspreise waren so niedrig, das man sich gar nicht vorstellen konnte, wie die Besitzer überhaupt existieren konnten. Wie überall gab es Popcorn und diese ätzend süße Limonade. Irgendwie erinnerte uns dieser Teil an die USA. Nach dem Kinobesuch sah der Raum nur noch wie ein riesiger Mülleimer aus, da die Überreste des Picknicks natürlich alle auf dem Boden landeten.

Das Kino hatte keine Heizung. Das hieß, dass es dort erbärmlich kalt war, denn die Temperaturen liegen zwischen Juni und August bei bis zu -25° in der Nacht. So saßen wir, 'eingemummelt' in unseren dicken Daunenjacken. Was wir sahen, war, wie wir das ja schon vorher erlebt hatten, natürlich ein amerikanischer Film mit spanischen Untertiteln. Er hieß Apocalypse now II. Na ja, ob man Stoff dieser Machart mag, das ist wohl reine Geschmackssache! Uns wurde nicht gerade wärmer während der Vorstellung.

Nach dem Film wollten wir einfach das Kino verlassen. Dies erwies sich als ein schwieriges Unterfangen, denn statt eines großen Ausgangs gab es nur ein kleine vergitterte Öffnung, die uns in einen winzigen Tunnel führte, der uns an den, auf dem Weg zu einem Löwenkäfig, erinnerte. Dahinter stand direkt ein Militärtransporter, auf dem schon einige Leute saßen, gut bewacht von Militär. Soldaten schienen auf einmal überall zu sein. Vor uns eine Uniform mit Gewehr neben der anderen. Hinter unserem Rücken sah es auch nicht anders aus. Mir wurde ganz flau im Magen. Wir hatten zwar nichts verbrochen, doch der Anblick dieser schwerbewaffneten Soldaten war doch beängstigend. Nicht förderlich war auch das Geschrei der restlichen Besucher des Kinos. Man konnte die Angst von einigen von ihnen an den Gesichtern ablesen. Fremdes Land, fremde Sitten! Wer weiß, was die mit uns vor hatten. Aber als Touristen enttarnt, ließen sie uns sofort passieren. Wir fanden ziemlich schnell heraus, dass sie die Wehrpflichtigen, die sich vor ihrem Wehrdienst drückten, einzogen. Diese dachten wohl, dass sie sich so weit ab vom Schuss befanden, dass man sie nicht einziehen würde. Nach unserem Geschmack war diese Razzia überhaupt nicht und so waren wir froh, nach unserem Weg durch die dunklen Straßen von Puno, zuviel Beleuchtung gab es dort nicht, unser Hotel ohne weitere Komplikationen erreichten. Unser Zimmer erschien uns als der sicherste Platz auf der Welt nach diesem Erlebnis.

Morgens um 6:00Uhr wurden wir recht unsanft sprich durch großen Lärm aus dem Bett geworfen. Als wir später nach dem Grund fragten, erfuhren wir, dass das die Zeit war, an der die 'angeblichen' Bewohner der schwimmenden Schilfinseln für die Touristen an ihre dafür vorgesehene Position gebracht wurden. Was ein Betrug! Die Indios versuchten wirklich auf jede erdenkliche Art Geld zu machen. Sie wurden extra vor Sonnenaufgang dorthin befördert, denn dann schliefen ja die meisten Touristen noch. Außenstehende sollten den Eindruck haben, dass diese Menschen immer dort lebten. Dieses Erlebnis, eine Tour zu diesen schwimmenden Inseln zu unternehmen, wollten wir uns jedoch, nachdem wir das erfahren hatten, wirklich nicht 'überziehen'. Nach dem Frühstück, natürlich Suppe mit Reis und Kartoffeln, die Alternative war Suppe mit Kartoffeln und Reis, sah ich endlich mein Traumziel, den Titicacasee. Wir hatten keine Ahnung, welches Naturwunder uns hier erwartete. Wer jemals Kitsch auf Postkarten gesehen hat und der Meinung ist, dass Farben in der Natur nie so intensiv sein können, wird hier eines besseren belehrt. Welch eine Farbenpracht! Es ist so gut wie unbeschreibbar! Dieses tiefe grünblau des Titicacasees mit dem intensiv gelben Schilf! Dieser Kontrast stellte alles in den Schatten, was ich je gesehen hatte. Welche Schönheit in 3855 Metern Höhe. Und immer wieder diese Weite! Dieser Anblick riss einen im wahrsten Sinne von den Socken. Nichts war vergleichbar mit diesem Naturschauspiel, das sich hier bot.

Wir wollten an diesem Tag nach Amantani, einer kleinen Insel im Titicacasee fahren. Diese Insel wird nur selten von Touristen besucht, was uns natürlich sehr gefiel. Laut unseres South American Handbooks sollte es dort sehenswürdige Inkaruinen geben. Die Aussicht, auf diesem höchsten See der Erde weitere Spuren der Inkas verfolgen zu können, war sehr verlockend. Dies war jedoch nicht alles. Da die Insel für Tourismus weitergehend unerschlossen war, gab es keine Restaurants oder auch Kioske. Im Klartext hieß das, das man an Verpflegung nur über die dort beheimateten Familien kommen konnte. Es war für uns immer interessanter, mit den Einwohnern in Kontakt zu kommen um einen Einblick in ihr Leben und ihre

Kultur zu erhalten. Nach Tourismus war uns nicht zumute. So reizte uns die Insel nach der Beschreibung besonders. Aber diese Insel wird nur nach Bedarf angefahren und so führte uns unsere Fahrt über den Titicacasee nach Taquile, die mehr für Tourismus bekannte Insel. Dort findet man Inkaruinen, die wirklich sehenswert sind. Nebenbei ist die Insel für kleine grüne Vögel und für wunderschöne Schmetterlinge bekannt. Für manchen der Touristen war es sehr beschwerlich, denn um einige der Sehenswürdigkeiten zu erreichen, musste man einen steilen Berg hochsteigen. Aber es war jede Stufe wert für das, was man oben dann sah. Schon allein die Aussicht über den Titicacasee war berauschend.

Etwas für uns kaum Vorstellbares konnte man hier sehen. Die Frauen liefen mit Spindeln herum, um die Wolle zu Fäden verarbeiten. Das war aber nicht das besondere. Die Aufgaben schienen dort völlig anders als für uns gewohnt verteilt zu sein. Die Männer hatten überall ihr Strickzeug dabei! Sie waren diejenigen, die die kleinen Kunstwerke, die ich schon früher bezüglich unseres Aufenthalts in Puno gesehen hatte, anfertigten. Hätten wir es nicht gesehen, hätten wir es wohl kaum für möglich gehalten, denn nennen Sie mir nur eine Handvoll Männer, die stricken und denen Sie beim Stricken zusehen können. In unserer Welt würden diese Männer wohl eher belächelt werden! Hier erschien diese Rollenverteilung völlig natürlich. Die Stricknadeln waren so dünn, dass man den Eindruck erhielt, dass sie Monate brauchen würden, ihre Werke fertig zu stellen. Aber ihre Fertigkeiten waren so unglaublich, dass es ihnen möglich war in einem Minimum an Zeitaufwand für die schönsten Strickwaren zu sorgen. Es war atemberaubend ihnen zuzuschauen. Leider hatten wir nur einen Tagesaufenthalt auf dieser Insel und so hieß es schon bald wieder Abschied zu nehmen. Zurück in Puno, ging ich sofort auf den Markt an den Eisenbahnschienen, denn ich wollte unbedingt Mützen, wie die auf Taquile, ergattern. Auf Taquile verlangten sie gegenüber dem Markt in Puno zuviel für die kleinen Prunkstücke. Insgesamt 45000 Soles habe ich auf dem Markt in Puno für kleine 'Kunstwerke' ausgegeben. Es war einfach zu verlockend. Ich erstand eine bestrickte Weste mit den hier bevorzugten Motiven und vor allem zwei lange Zipfelmützen mit allen erdenklichen Inkamotiven. Lange, nachdem wir aus Südamerika zurück waren, wurden wir einmal auf unsere 'traumhaft schönen Mützen' angesprochen. Wo hatten wir sie wohl erstanden? Als wir ihnen die Stadt nannten, entgegneten sie, dies sei eigentlich ein Grund um dort einmal hinzufahren.

Nun nahmen wir unser nächstes Ziel nämlich Cusco, die alte Inkahauptstadt, in Angriff. Die Andenbahn sollte uns in 10Stunden von Puno aus dort hinbringen. Da die Züge ziemlich voll sind empfiehlt es sich, die Karten schon im voraus zu kaufen. Einer von uns musste das übernehmen und so humpelte ich, während mein Partner diesen Part übernahm, zurück in unser Hotel. Leider waren alle Tickets schon ausverkauft und so sahen wir schon einen ‚Sonderaufenthalt' in Puno auf uns zu kommen. Es war schon dunkel und so fühlte ich mich gar nicht wohl in meiner Haut. Abseits des Marktes schien es nur Männer auf der Straße zu geben, die mich mit erstaunten Blicken verfolgten. Aber ich gelangte ohne weitere Belästigung in unserem Hotelzimmer an. Als Dieter mit der schlechten Nachricht bezüglich der Tickets auftauchte, überlegten wir uns, was zu tun sei. Ich ging zur Rezeption und fragte nach. Es stellte sich heraus, das jedes Hotel ein gewisses Kontingent an Tickets zur Verfügung hatte, und so erstanden wir dann zwei für den nächsten Tag. Glück gehabt! Am nächsten Morgen ging es dann mit dem Zug wieder in Richtung Juliaca. Was wir auf unserem Weg nach Puno wegen Dunkelheit vor der Ankunft nicht gesehen hatten, bot sich nun als besonderes Schauspiel im Morgenlicht dar. Streckenweise schien der Zug im Schilf auf dem Wasser zu fahren, den Ausläufern des Titicacasees. Sie hatten die Schienen auf einer Art Damm installiert. Dies war eine beindruckende Konstruktion. Nach Juliaca ereilte uns sowohl die Weite der Hochsteppe als auch die große Einsamkeit wieder. Hatte man die dichtbesiedelten Gebiete in unserem westlichen Raum vor Augen, konnte man sich die unermessliche Größe der Llana und eben diese unendliche Einsamkeit wohl kaum vorstellen. Ab und zu sah man jenseits der Gleise verlassene Häuser, deren einstmalige Bewohner bestimmt ihr Glück in einer der größeren Städte versuchen wollten. Aus dem Nichts tauchen dann wieder Hirten auf, die ihre Herden von Alpakas, Vicunjas oder Llamas betreuten. Diese drei Arten gehören zwar der gleichen Gattung an, die Qualität der Wolle jedoch, die aus ihrem Fell hergestellt wird, ist sehr unterschiedlich.

Wieder Steine und viel Kultur

Die Einfahrt des Zuges in den 'Bahnhof' von Cusco war etwas ganz besonderes. Links und rechts der Schienen saßen die Händler an ihren Ständen und boten ihre Waren an. Sogar frisch geschlachtete Tiere hingen an Haken und warteten auf ihre Käufer. Die Stände bestanden hauptsächlich aus Holzpfählen, die mit einer Art Wellblech bedeckt waren. Auf unserem Weg zum Hotel, das oberhalb des Plaza de Armas, dem Zentrum, lag, überquerten wir die Gleise. Eine Brücke ermöglichte uns die Sicht auf ganze Szenerie des Treibens der Händler. Unbeschreiblich!
Unsere Behausung war etwas besonderes. Für ganze 5000Soles hatten wir ein Zimmer mit Dusche! Nun ja was die Dusche betraf gab es ein kleines Manko. Das Fenster im Badezimmer hatte keine Scheibe und in der Höhe, in der wir uns befanden, war es nicht gerade warm. So konnte der Besitzer zumindest sicher sein, das wir die Dusche nicht zu oft und zu lange benutzten. Aber ansonsten war unser Domizil schon eine Klasse besser als in Arequipa. Das Hotel hatte einen Aufenthaltsraum, in dem der Fernseher ununterbrochen lief. Es war so gut wie nie ein Stuhl zubekommen, denn es war Olympiade und sowohl Besitzer nebst Familie als auch unsere Mitbewohner waren begeisterte Sportzuschauer. Na ja, deswegen waren wir sowieso nicht hergekommen und so zog es uns schon bald, nicht zuletzt wegen eines starken Hungergefühls, in das bunte Treiben der Stadt. Wir fingen wir an, den Ort zu

durchstreifen auf der Suche nach einem billigen Lokal, denn wir hatten mittlerweile großen Hunger. Dies war nicht schwer. Wir wurden schnell fündig, indem wir nur Ausschau hielten, wo das Gros der Bevölkerung, vor allem Händler hingingen. Das Lokal lag nur zwei Straßen weiter, 'Los Intimados'. Die kleine Wirtschaft lag in unmittelbarer Nachbarschaft zum Markt. Beim Eintritt erhielt man ein bisschen von dem Flair eines Westernsaloons. Der Boden war mit Sägespänen bedeckt. Das machte wohl das Reinigen der 'Behausung' etwas leichter. Man muss wohl nicht erwähnen, dass es keinen Asphalt, sondern nur den Untergrund der Landschaft in diesem kleinen Lokal gab. Die Tische wurden durch große Pappkartons in kleine Nischen eingeteilt. Auf ihnen waren Kerzen in Flaschen steckend aufgestellt. Wir wurden sofort von dem 'Chef' empfangen, der uns unsere 'Nische' zuteilte. Dort aßen wir, etwas abgeschirmt von den anderen Gästen, Suppe mit Kartoffeln und Reis. Dazu wurde ein Getränk nach Wahl, die meisten nahmen Mate de Coca, serviert. Der Preis für unser 'Menü' lag bei 0,80DM. Es schmeckte sehr würzig und gut.

Die Variationen, die man hier bekam, reichten scheinbar überall von Reis und Kartoffeln zu Kartoffeln und Reis in Suppe. Hauptnahrungsmittel! Als Dekoration lag Petersilie auf jedem Gericht. Nun ist sie mit Petersilie, die wir kennen, nicht vergleichbar. Sie schmeckt richtig parfümiert. Dieser Geschmack war für uns wirklich gewöhnungsbedürftig. Auf den Tischen standen kleine Schälchen mit Rocotto, gehacktem Peperoni in Öl, um die Suppe zu würzen. So scharf, das einem die Augen tränten. Wir wussten aber, dass dieses Gemisch sehr viel Vitamin C enthielt und dies konnte unserer Gesundheit nur nützlich sein. Also 'rein mit dem Zeug. Durch die Schärfe hatten wir das Gefühl, alle Keime, die uns unangenehme Krankheiten bescheren konnten, abtöten zu können. Wir aßen die Mischung esslöffelweise mit unserer Suppe vermischt. Als wir das zweite Schälchen bestellten, schaute uns jeder dumm an, denn es war nicht üblich, solche Mengen von Rocotto zu sich zu nehmen. Da dieses Lokal zum täglichen Anlauf für uns wurde gewöhnten sich aber alle ziemlich schnell an unsere 'Unart'. Rocotto wurde der ständige Begleiter beim Essen auf unserer Reise. Die Atmosphäre ganz schön urig. Die Musik im Hintergrund war erst etwas gewöhnungsbedürftig. Sie klang asiatisch und enthielt immer eine hohe Frauenstimme. Wir hatten hier eher Panflötenmusik erwartet. Das Fernsehen scheint doch nur bedingt die Kultur anderer Länder wieder zu geben und ein Bild zu vermitteln, das der Wirklichkeit nicht so ganz zu entsprechen scheint. In dem Lokal trafen sich viele Händler vom naheliegenden Markt. Es schien ein Geheimtipp zu sein. Hier tauschte man wohl Klatsch und Tratsch aus und tätigte ‚große' Geschäfte. In Cusco wurde es der Platz, den wir nach unseren Besichtigungen immer ansteuerten. Der Inhaber begrüßte uns jedes Mal wie alte Freunde und ließ es sich nicht nehmen hier und da 'mal einen auszugeben.

Aber zurück zu unseren geplanten Unternehmungen. In und um die alte Inkahauptstadt gab es eine Menge zu sehen. Auf dem Plaza de Armas standen mehrere Kirchen. Eine im Südosten des Platzes wurde im 17. Jahrhundert rund um einen alten Inkatempel gebaut. Der Tempel war eine Weihstätte des Sonnengottes, den die Inkas anbeteten. Total beeindruckend! Ansonsten wurde einem beim Betreten dieses Platzes wieder der übermächtige Einfluss der Spanier bewusst. Die wunderschönen Häuser hatten alle, die für die spanische Kultur so typischen kleinen Balkons aus Holz, die prächtig verziert waren. Rund um den Platz saßen Händler, die bis in die Dunkelheit hinein vor allem sehr schöne bemalte Töpfereien verkauften. Kleine Döschen, Vasen, Amphoren und ganz bemerkenswert, Amphoren mit zwei Tüllen, die in früheren Zeiten dazu benutzt wurden.........Auch die Borten, mit denen für hier so typischen Motiven waren zu reizvoll. Cusco ist absoluter Touristenmagnet und so waren die angebotenen Waren ganz schön teuer, aber ich konnte dieser Fülle und Schönheit nicht wiederstehen und wurde ganz schnell fündig. Hinterher konnte ich einige dieser, für mich Kostbarkeiten, mein Eigen nennen. Es gab dabei durch meine Einkäufe aber ein kleines Problem! Unsere Reise war ja noch lange nicht beendet und ich wollte meine erstandenen Sachen nicht noch zusätzlich zu meinem Rucksack herumschleppen. Also beschlossen wir, soviel wie möglich mit der Post nach hause zu schicken. Wir fanden einen großen Karton, packten alles gut in Zeitungspapier ein und machten uns auf den Weg zur Post. Dort wurde uns allerdings ein Strich durch die Rechnung gemacht. Leider wurden von dort keine Pakete befördert, die mehr als ein Kilo wogen oder durch einen hier für eigenen Schlitz passten. Es traf nichts von beidem zu. Also schlechte Karten! Mein Karton begleitete mich nun auch noch den ganzen Rest unserer großen Reise. Für die Sehenswürdigkeiten konnte man keine einzelnen Eintrittskarten kaufen. sondern mussten so etwas wie eine Sammelkarte, auf der alle Besichtigungen abgelocht wurden, kaufen. Hier in Cusco war man wirklich auf Touristen eingestellt. Die meisten Besucher waren nur so kurz hier, dass sie gar nicht alles besichtigen konnten. Aber sie mussten für das Gesamtpaket bezahlen. Wir hatten ja alle Zeit der Welt und so klapperten wir alles der Reihe nach ab. Das am meisten Beeindruckende war Sacsayhuaman, die Ruine einer Festung der Inkas. Man kann sich nicht vorstellen wie die Inkas diese Festung überhaupt erbauen konnten. Die Steine, die sie dort übereinander setzten, wogen bis zu 300 Tonnen und passten in unglaublicher Perfektion zusammen. Wir standen in Türrahmen, wo die Größe der Steine unsere eigene Körpergröße übertraf! Alles dort war aus Stein. Selbst der Thron des Inka, den er bei der Besichtigung seiner Truppen einnahm. Zickzackförmige Rinnen aus Stein wurden hergestellt um bei Festen die Gäste mit Chicha, dem traditionellen Maisbier, zu versorgen. Oberhalb der Festung gab es sogar eine Rutschbahn aus Stein für die Kinder. Dieses Volk musste große geistige und körperliche Fähigkeiten besitzen um solche Bauwerke zu erstellen! Wenn man diese Relikte sieht kann man gar nicht glauben, dass sich die Inkas von den Spaniern mit einem simplen Trick überrumpeln ließen. Letztendlich lässt es sich nur erahnen, ob die Spanier nur durch ihr gewonnenes Vertrauen zu den Inkas so erfolgreich sein konnten. Wobei man eigentlich fragen muss, ob es als zu Erfolg zu werten ist, wenn ein so hochstehendes Volk mit seinen Traditionen, seinem Glauben und vielen wertvollen Gegenständen, genannt seien nur die unglaublichen Bauwerke, zerstört wurden. Wahrscheinlich hätten viele Menschen einiges von den Inkas lernen können. Aber das ist rein spekulativ.

Der Inkatrail

Nachdem wir so beeindruckt von den Bauwerken in und um Quito waren, fragten wir uns, was uns wohl in Machu Pichu erwarten würde, denn dies war die einzige Stadt, die von den Spaniern nicht gefunden und somit auch nicht zerstört wurde. Für dieses Unterfangen wollten wir den Inkatrail bis zu dieser verborgenen Stadt verfolgen. Unser Ausgangspunkt sollte Ollantaytambo sein. Die Fahrt dorthin war nicht besonders lang, aber besonders lustig. Den ersten Teil der Fahrt bewältigten wir in einem 'Collectivo', etwas, das an ein Taxi im weitesten Sinn erinnern könnte. In Ermangelung eines Sitzplatzes durfte ich die Fahrt auf dem Schoß meines Freundes und Reisebegleiters Dieter verbringen. Nicht gerade bequem! Ab Urubamba kam es noch härter! Wir saßen auf einem Transporter zwischen Peruanern, deren Frauen, einer Schar Kindern , Hühnern und Gemüse! Wer hat bei uns denn schon einmal so etwas live erlebt? Wir sind gut angekommen und hatten eine Menge Spaß! Ollantaytambo auf 2800 Metern war das letzte Nest! Aber hier fanden wir wieder Ruinen aus der Inkazeit, die wunderschön waren, wie zum Beispiel 'das Bad der Prinzessin' aus grauem Granit und die Überreste einer Tempelanlage. Außerdem hatten wir das Glück, ein besonderes Fest mitzuerleben, ohne davon vorher etwas zu wissen. Es heißt Ollantay-Raymi und ist äußerst farbenprächtig, denn wie es hierzulande auch heute noch in vielen Gegenden üblich ist, treffen sich dort alle in ihrer landesüblichen Tracht. Super! Unsere Unterkunft, das 'Cafe Alcazar' kostete uns 12000Soles. Wir fanden es ok. und wir brauchten ja sowieso nur ein Bett zum übernachten. Am nächsten Morgen wollten wir früh aufbrechen, aber als wir die Tür der Pension öffnen wollten war diese verschlossen.

Wir riefen und erwarteten, dass jemand reagierte. Doch weit gefehlt! Die Nachbarin im nächsten Haus teilte uns mit, dass unsere Wirtin nach Cusco gefahren sei. Wir fragten sie, ob sie einen Schlüssel habe, aber sie verneinte. Was sollten wir jetzt bloß machen? Wir hatten eine große Strecke vor uns und waren ärgerlich, Zeit zu verlieren. So hinterließen wir etwas Geld und kletterten aus unserem Fenster über eine Mauer ins Freie. Es erschien uns schon ganz schön abenteuerlich! Aber wer weiß, wann die Frau überhaupt zurückgekommen wäre! Um von Ollantaytambo zum Inkatrail zu kommen muss man km 88 auf den Bahnschienen erreichen. Von der Stelle ist ein Zugang zum Inkatrail. Also liefen wir auf den Schienen in die vorgegebene Richtung. Nach unseren Angaben sollten es 25km sein, aber auf diese Angaben konnte man sich nicht besonders verlassen, wie wir schon bald feststellen mussten. Der Weg schien kein Ende zu nehmen. Aber unseren Ausgangspunkt, in der Nähe des Riobambas, einem Fluss, über den eine Brücke zum Eingang zum Inkatrail führte, wollten wir doch erreichen. Doch das Schwellenlaufen ist auf die Dauer sehr unangenehm! Als wir einen kleinen Laden sahen, der wirklich weitab von jeder Ortschaft lag und als Kundschaft wohl nur Touristen auf ihrem Weg zum Inkatrail hatte, machten wir Brotzeit. Nun muss man aber auch noch sagen, dass die wenigsten Touristen, die auf den Inkatrail wollen, bis dorthin zu Fuß laufen. Es gibt eine Bahnstation ganz in der Nähe des Inkatrails und nur wenig Leute, wie wir, liefen bis dahin zu Fuß. Man kann sich die Erträge des kleinen Ladens wohl vorstellen, bei der hohen 'Frequenz' von Kunden. Abgesehen von den Schwellen war der Weg unglaublich schön. Leider fanden wir erst recht spät heraus, dass es einen Weg gab, der parallel zu den Schienen verlief. Dort lief es sich eindeutig besser! Unterwegs fanden wir viele Kakteen, die reife Früchte trugen. Meine so heiß geliebten Tunas! Tunas pflücken ist eine Kunst für sich. Sie haben diese feinen Härchen, die fast an Glasfasern erinnern. Wir sammelten eine ganze Menge in dem Sombrero meines Freundes ein. Obwohl wir dabei vorsichtig vorgingen merkten wir die Stacheln noch drei Tage später an unseren Händen. Wenn ich jetzt daran denke, wie viel Arbeit wir beim 'Putzen' dieser köstlichen Früchte hatten, wundert es mich nicht, dass diese in Europa so teuer sind! Aber der Geschmack war unsere Unannehmlichkeiten wert. Dadurch, das Tunas soviel Wasser enthalten, waren sie für uns, man erinnere sich an mein Erlebnis am El Misti, sehr viel wert. Endlich erreichten wir die gigantische Hängebrücke über den Riobamba bei km 88. Hier sollten die Eintrittskarten für unseren Trip verkauft werden. Aber es war niemand zu sehen! So liefen wir weiter in Richtung Basiscamp. Unterwegs kam uns dann der zuständige Wärter entgegen. Er forderte von uns den üblichen Soll für den Weg über den Inkatrail. Von irgendwas müssen ja die Menschen in Peru auch leben und keiner lässt dann die Chance aus, Geld zu verdienen. Der größte Touristenmagnet ist nun einmal Machu Pichu und selbst wenn die Leute Geld für einen beschwerlichen Trip bezahlen müssen machen sie es, nur um einmal 'etwas' zu erleben. Das Geld ist dabei zweitrangig und es ist anzunehmen, dass der Wärter sich über jeden Touristen freute. Das Basiscamp sah nicht gerade verlockend aus und so beschlossen wir soweit wie möglich weiterzugehen bevor wir unser Lager aufschlagen wollten. Dies erwies sich jedoch als ziemlich schwierig! Auf der einen Seite ging es steil bergauf auf der anderen steil bergab. So wurde es ziemlich spät und vor allem dunkel, bevor wir endlich einen für uns geeigneten Platz fanden. Wir gingen schlafen und erwarteten nichts böses. Doch auf einmal wurde es laut und einige Gestalten torkelten um unser Zelt herum und versetzten mich in Angst und Schrecken! Klar, es war ja Unabhängigkeitstag und so feierten alle Peruaner. Nun waren sie auf ihrem Weg in ihre Behausungen in den Bergen. Und sie waren natürlich nicht ganz nüchtern. Aber daran denkt man nicht gerade, wenn man aus dem Tiefschlaf geweckt wird. Man hörte nur den Lärm und wusste nicht, was los war. Der Rest der Nacht verlief friedlich. Im Morgengrauen verließen wir den Platz und liefen auf unser Ziel Machu Picchu zu. Als erstes erwartete uns ein langer Aufstieg zu einem Pass, in einer

Höhe von 4200 Metern, den wir überqueren mussten. Der Weg führte entlang einem Fluss, durch den Dschungel. Je höher wir kamen, um so karger wurde die Landschaft. Wir überholten mehrere Leute, darunter eine Trägerschar von Indios. Sie transportierten Hartschalenkoffer, Campingtische und anderen 'Schnickschnack'. Mein Gott, wenn man auf so eine Tour geht, nimmt man doch nicht solche unwichtigen Sachen mit. Und wenn man so weit ist, dass man Träger braucht, sollte man sich doch überlegen, ob man in der Lage ist, diesen Trip überhaupt zu bewältigen. Welche Idee bekommt man, wenn man die Inkas und 'Touris' sieht? Wer heuert sich eine Mannschaft an? Natürlich Franzosen! Aber wie vorher beschrieben, überschätzten sich gerade Franzosen sehr häufig. Es war fast komisch, dass die Träger mit Gepäck wesentlich schneller waren als die französischen Touristen. Und die Franzosen hatten weiß Gott nicht einmal etwas zu tragen im Gegensatz zu uns. Unsere Habe lag immer auf unserem Rücken!

Man glaubt es nicht, wie der Inkatrail aussieht. Die Aussicht auf die wunderbare Landschaft ist bezaubernd, aber links und rechts liegen der Abfall und der Kot der Touristen. Ich habe mich wirklich geekelt! Diese schöne Landschaft! Warum musste diese so misshandelt werden? Es erschien uns, als ob all die Touristen die Schönheit dieses Landes nicht wahrnahmen. Alles was sie wollten war den Trip nach Machu Picchu bewältigen. Wie arm! Im Prinzip hatten wir das gleiche Interesse wie der Rest. Aber wir hätten nie diese traumhafte Landschaft verschandelt!

Auf dem Weg trafen wir Richard. Er wurde unser Freund, denn genau wie wir war er der Meinung, dass man den Trip genießen sollte. Aber 'Schweinereien' zu hinterlassen war genauso wenig sein Stil wie unserer! Gott sei Dank gab es noch Menschen, die so dachten wie wir. Wir überquerten den Pass und fanden uns in einem Regenwald wieder. Wir sahen nichts mehr von der Landschaft, bloß Nebel! Alles wurde klamm, aber nichts desto trotz wollten wir hier übernachten. Schließlich hatten wir noch einen weiteren Pass zu bewältigen, der auf 3800 Metern lag. Und dafür mussten wir ausgeruht sein. So schlugen wir unser Lager auf. Es war mittlerweile schon sehr spät. Man glaubt gar nicht, wie viele Menschen den Inkatrail begehen wollten. Die Ebene, auf der wir campierten, war mit Zelten übersät. Mitten in der Nacht wurde ich wach. Ich dachte, das ich einen Herzinfarkt bekomme, denn mein Puls war deutlich erhöht. Außerdem geriet ich in Atemnot. Ich hatte absolute Panik! Mein Freund sagte, dass ich einfach ruhig sein und schlafen sollte. Dies fiel mir aber unter den gegebenen Bedingungen sehr schwer! Ich habe ernsthaft gedacht, das ich nicht heil aus diesem Regenwaldtal heraus komme. Aber die Erschöpfung, resultierend aus dem Marsch des Tages, forderte ihren Tribut. Ich schlief ein! Gott sei Dank! Denn es ist wirklich ein fürchterliches Gefühl, keine Luft mehr zu bekommen. Und morgens ging es weiter durch diese Nebelwand. Man wünschte sich die Zeiten außerhalb dieses Gebietes zurück. Es war unglaublich widerlich! Aber unser Ziel, Machu Picchu, schien greifbar und so machten wir uns wieder auf um den Rest zu bewältigen. Der nächste Pass war in 3 Stunden Entfernung durch matschiges Dschungelterrain. Aber nahe des Gipfels gab es einen Aussichtspunkt, der traumhaftschöne Eindrücke vom Urubambafluß vermittelte. Man schaute direkt in das Tal mit den grünen Wäldern, die es umrahmten.

Natürlich sahen wir auf dem Inkatrail viele Ruinen, die einem immer die Präsenz der Inkas vor Augen hielten. Wahnsinn! Eins muss man sagen: 'Es ist unsagbar schön, jemand zu finden, der auf gleicher Wellenlänge liegt.' Dies war bei Richard der Fall. Er war Schotte, der auf einer Bohrinsel als Ingenieur tätig war. Leider hatte er, im Gegensatz zu uns, nur sehr sehr wenig Zeit, um seine Träume zu verwirklichen. Was hatten wir es doch so gut. Wir hatten im Prinzip alle Zeit der Welt, solange das Geld reichte. Nun mit Richard wurde der ganze Trip unwahrscheinlich kurzweilig. Wir kamen vom Hundertsten ins Tausende. Man merkte überhaupt nicht mehr, dass man unter ziemlich schlechten Konditionen lief. Ablenkung erleichtert vieles, ebenso wie die Schönheit dieses Landes, die einem manchmal den Atem stocken ließ! Eigentlich wollten wir vor unserem Ziel noch einen Zwischenstop machen, aber Richard überzeugte uns, keine Zeit zu verschwenden. So erreichten wir gegen Abend Inti Punku, das Sonnentor.

Was ein Anblick! Machu Picchu, dessen Eingang das Sonnentor zu sein schien, in der untergehenden Sonne. Jeder Meter unseres Wegs hatte sich gelohnt! Die Aussicht war unbeschreiblich! Dieser Blick auf Machu Picchu, der Stadt, welche die Spanier nicht gefunden und somit auch nicht zerstört hatten. Und im Hintergrund der Regenwald! Welche Schönheit! Einige Fotografen, empfanden wie wir und wollten einige Aufnahmen machen. Es stellte sich heraus, dass sie Geologen aus Italien waren, die sich darüber aufregten, das jeder sein Zelt in Inti Punku aufschlug. Dadurch wurde der freie Blick auf Machu Picchu getrübt. Sie fühlten sich dadurch in ihrer Arbeit behindert. Der Hauptpunkt war aber, dass das Gegenlicht es nicht zu ließ, gute Aufnahmen zu machen. So verließen sie den Schauplatz schon bald, nachdem sie von jedem von uns verlangt hatten, Inti Punku bis 7 Uhr morgens zu verlassen. Nun wir wären sowieso noch früher weg gewesen. Eintritt war morgens ab 6.30 Uhr möglich und der einzige Zeitpunkt, wirklich ungestört in Machu Picchu herumzuschlendern, ist in der Frühe, bevor der Zug mit den ganzen Touristen eintrifft. Danach tritt man sich dort gegenseitig tot. Abgesehen von all den Touristen, die ihr Zelt auch hier oben am Inti Punku aufgeschlagen hatten und über ihre Wehwehchen klagten, hatten wir danach unsere Ruhe. Einige von ihnen beschwerten sich über die wunden Füße, die sie sich geholt hatten. Nun, in meinem Bericht hatte ich ja schon früher erwähnt, was das heißt, Probleme mit den Füßen zu haben! Nur hier gab es ja keine Lava! Das Ganze war für uns im Vergleich zu dem, was wir am El Misti erlebt hatten eigentlich ein 'Easy Trip'. Wir empfanden es mehr als Spaziergang als als Wanderung. Das sich einige 'Touris' so blöd anstellten und 5 Tage für den Trail brauchten, konnten wir nicht nachvollziehen. Auf unserer ganzen Reise versuchten wir möglichst weitgehend 'bloß' nicht als Touristen zu erscheinen, die mit unter sehr unangenehm auftraten und sich eigentlich gar nicht mit dem

Land, der Kultur und den Menschen auseinander setzten, sondern nur diese Orte besuchten, um sagen zu können, dass sie einmal da waren. Wir wollten ein Stück Kultur und Leben in Südamerika mitnehmen! Das Schauspiel, das uns beim Sonnenuntergang erwartete, würde ich mir für nichts in der Welt entgehen lassen. Man konnte es nachvollziehen, dass die Fotografen so erpicht darauf waren, Fotos zu schießen. Die Szenerie war überwältigend!

Diese Nacht schliefen wir unter freiem Himmel, denn es war klar und gar nicht so kalt, und so boten unsere Schlafsäcke genügend Wärme ohne ein Zelt aufbauen zu müssen. Da wir uns in der südlichen Hemisphäre befanden, war das Sternbild am Himmel natürlich völlig anders als wir es kannten. Es war für uns unglaublich beeindruckend, Sterne, die wir nie zuvor gesehen hatten und diese Klarheit. Berauschend! Wer jemals in den Bergen war, kann sich vielleicht annähernd dieses Naturschauspiel vorstellen. Unglaublich! Eigentlich wollten wir gar nicht schlafen um den Eindruck wirklich ganz in uns aufzunehmen. Morgens um 6Uhr machten wir uns dann auf den Weg hinunter in das so sagenumwobene Machu Picchu. Aber erst schauten wir uns noch den traumhaft schönen Sonnenaufgang über Machu Picchu mit dem Regenwald im Hintergrund an. Wahnsinn! Ich fühlte eine gewisse Genugtuung bei dem Gedanken, das die Spanier wenigstens diese Stadt nicht gefunden hatten um sie zu zerstören. Wir gingen zum Eingang, wo wir natürlich Eintritt bezahlen mussten. Kein Problem! Selbstverständlich! Doch dann forderte man uns auf unsere Rucksäcke in einem Depot zu hinterlegen. Nun, unsere ganze Habe war in unserem Gepäck und so wollten wir lieber alles bei uns behalten. Dies führte zu einem heftigen Disput mit den Wächtern. Sie sagten uns, dass wir nur auf das Gelände könnten, wenn wir unser Gepäck im Depot zurück lassen würden. Dies war eines der wenigen Male, das uns unser South American Handbook im Stich ließ. In ihm stand, dass man seine Sachen deponieren könne. Von Müssen war keine Rede! Aber letztendlich wollten wir ja auf den Spuren der Inkas wandeln und so machten wir gute Miene zum bösen Spiel und ließen alles zu einer Gebühr von 0.70$ zurück, nachdem uns erklärt worden war, dass die Touristen alles was nicht niet und nagelfest war, mitnahmen um ein Souvenir von Macchu Picchu zu behalten. Nun ging es über Treppen zu Terrassen, Tempeln, Palästen, Türmen und dem Museo de Sitio, welches unterhalb der Ruinen liegt. Wenn man davon redet, dass diese Stadt erhalten blieb, muss man jedoch, um keinen falschen Eindruck zu erwecken, erwähnen, dass die Steinmauern völlig erhalten sind, aber die Dächer, die vornehmlich aus Stroh bestanden, nicht mehr existieren. Trotzdem konnte man die Struktur der Stadt und der Häuser klar erkennen. Es war ein Abenteuer, inmitten dieser Umgebung zu sein. Die Phantasie , sich aus zumalen, wie es früher aussah, machte den Eindruck noch reizvoller. Wir wandelten auf den Spuren einer uns völlig fremden Kultur. Ein Weg mit recht abenteuerlichen Stufen brachte uns hoch nach Huayana Picchu, etwas wie ein sogenannter Hausberg, von dem man eine wahnsinnige Aussicht über Macchu Picchu hatte. Schwindelfrei musste man aber für diesen Weg wirklich sein. Auf halbem Weg liegt der Tempel des Mondes, der mit seinen Nischen unglaublich beeindruckend war. Leider haben manche Touristen gedacht, sie müssten dieses kunstvolle Bauwerk durch Graffiti 'verschönern'. Grausam! Was die Spanier nicht geschafft hatten, versuchten nun andere! Traurig! Um so mehr, da dieser Tempel berauschend schön ist. Unser Aufenthalt in Macchu Pichu war vom Zeitplan sehr gedrängt, denn nach 10.30Uhr war das Ganze kein Vergnügen mehr. Zu diesem Zeitpunkt, kamen all die Touristen, die den Zug nahmen, an und waren wirklich überall auf dem Gelände verstreut. Die Stille und Einsamkeit in der Stadt wich einem hektischen Betrieb, der einem diese wunderschöne Stätte vermiesen konnte. So suchten wir zu diesem Zeitpunkt das Weite, nachdem wir unsere Rucksäcke aus der Aufbewahrung, die nicht gerade billig war, abgeholt hatten. Wenn man es sich überlegt, hatten wir einen wahnsinnigen Vorteil gegenüber diesen Menschen. Wir durften diese unglaubliche Atmosphäre in der Stille genießen, die uns in unserer Phantasie in die Welt der Inkas führte. Die armen

'Touris' wissen wahrscheinlich gar nicht, was ihnen entgangen ist! Auf unserem Weg zur Bahnstation lernten wir durch Richard Stine, ein Mädchen aus Schweden kennen. Sie war sehr amüsant und freute sich über etwas Gesellschaft. Die Touren in die große weite Welt sorgen dafür, daß man wirklich Menschen aller möglichen Nationalitäten kennen lernt! Total interessant, denn Wertvorstellungen, Ideen, Träume und vieles mehr scheinen, egal wo, nicht sehr unterschiedlich zu sein. Große, kleine Welt! An der Bahnstation angekommen hatten wir zwei Möglichkeiten. Entweder konnten wir den Touristen- oder den Einheimischenzug nehmen. Klar, das wir uns lieber unters Volk als unter die Besucher begaben. Herrlich, wir saßen inmitten von Kindern, Frauen, Tieren und einigen älteren Indios. Mitunter war der Geruch durch die Tiere nicht gerade sehr gut, aber dies machte nichts aus, da wir viele interessante und auch nette Gespräche mit den Einheimischen führen konnten. Die Zeit verging wie im Flug! In einer Unterhaltung mit Stine und Richard erfuhren wir auch, dass wir uns unseren ganzen Marsch auf den Schienen hätten ersparen können. Wir hatten nur eine falsche Abzweigung genommen. Ärgerlich, wenn man so etwas hinterher erfährt. Leider trennten sich unsere Wege am Bahnhof in Cusco. Richard musste zurück auf die Bohrinsel, auf welcher er arbeitete. Stine wollte nach Puno. Wir tauschten noch Adressen aus und dann ging jeder in seine Richtung. Unsere letzten Tage in Cusco verliefen mit weiteren Besichtigungen und vor allem Keramikeinkäufen. Das schönste war immer der Beginn jedes Tages. Er startete mit unserem Frühstück in einem kleinen Geschäft in der Nähe unseres Hotels. Dort gab es Cafè de sitio, Sandwiches de Queso(Käse), Chocolate con Lecche und das allerbeste obwohl tierisch süß: Torta de Chocolate! Die Besitzer des Ladens wollten mehr über Europäer, wir mehr über Peruaner erfahren. So hatten wir immer eine Menge Gesprächsstoff und es wurde meist Mittag, bevor wir uns dann überhaupt aufrafften zu unseren Unternehmungen. Aber wir hatten ja Zeit! Schade, aber irgendwann kommt der Zeitpunkt des Abschieds. Wir hatten die Zeit in Cusco, dieser so 'rassigen' Stadt, sehr genossen und die Menschen, die wir kennen gelernt hatten, liebgewonnen. Nun, schließlich hatten wir noch einiges vor und so verließen wir schweren Herzens Cusco und reisten mit dem Zug zurück nach Arequipa.

Bananen, Hitze und unsere Berge

Unser nächstes Ziel hieß Equador. Eigentlich wollten wir ja direkt über Ayacucho in den Norden fahren, doch wir erhielten über die Zeitung eine Nachricht, die uns abschreckte. In der Nähe der Stadt Ayacucho fand man gerade zu dieser Zeit ein Massengrab von Indios. Es wurde zwar nicht gesagt, wer dieses Massaker begangen hatte, aber fast jeder, mit dem wir redeten, tippte auf die Sendero Luminoso. Dies war, nach unserem Erlebnis in Lima, nicht gerade nach unserem Gusto. Außerdem galt die Gegend um Ayacucho sowieso als sehr unruhig. Diesen Trip mussten wir uns nicht überziehen. Also den 'Long Way' über Arequipa. Diese Fahrt, 24 Stunden lang, habe ich wirklich in schlechter Erinnerung. Aus irgendeinem Grund hatten wir absoluten Heißhunger und an jedem Stop kauften wir etwas von den Händlern entlang der Bahnstrecke. Es gab Lammfleisch, Popcorn, Honigsnacks und Quaker(eine Art Haferflocken). Mir war so tierisch schlecht, dass ich zwei Tage brauchte um mich wieder zu erholen. Aber unsere Endstation für den Tag richtete mich wieder etwas auf. Was war es schön, wieder in Arequipa zu sein. Der Charme der Stadt nahm mich immer wieder gefangen. Unsere nächste Zwischenstation war Huaras in der Cordillera Blanca. Dafür mussten wir über Lima fahren um diese weiter nördlich gelegene Stadt zu erreichen. Dort liegt in der Nähe der höchste Berg in Peru, der Huascaran, mit 6768m. Den musste man einfach gesehen haben. Ebenso hatten wir im Hinterkopf, ihn zu besteigen.
Zu unserem Glück erwischten wir diesmal einen Bus in tadellosem Zustand. Er kam uns vor wie ein Rennwagen verglichen mit den Bussen, die wir zuletzt benutzt hatten. So dauerte die Fahrt nach Lima nur 18 Stunden. Dort konnten

wir direkt umsteigen und erreichten nach 7 stündiger Fahrt Huaras. Nach all den fantastischen Plätzen, die wir gesehen hatten, wirkte diese Stadt abscheulich. Im Jahr 1941 wurde durch Überflutungen ein Drittel der Stadt zerstört. Danach sorgte ein Erdbeben 1970 für weitere große Zerstörung. Für unsere Begriffe wurde danach die Stadt lieblos wieder weitgehend hergestellt. Die einzige Entschädigung für die Enttäuschung, in dieser Stadt zu sein, war das wunderschöne Panorama mit den Bergen Huascaran, Huandayo und San Cristobal im Hintergrund. In unserem South American Handbook gab es ein Hotel, natürlich Kategorie F, das uns gefiel. Also machten wir uns auf den Weg um es zu suchen. Aber was uns erwartete, entsprach weiß Gott nicht unseren Vorstellungen. Wir sollten in einem Gemeinschaftsraum, mit 6 weiteren Leuten beiderlei Geschlechts, übernachten. Ne! Das war nichts für mich! Für den gleichen Preis landeten wir dann in einem anderen 'Hotel'. Immerhin hatten wir ein Zimmer für uns, aber die Toilette zu benutzen, grenzte schon an ein Abenteuer! Möglichst vermeiden, war für uns die Devise. Igitt! Abends machten wir einen Stadtbummel und mussten feststellen, dass die gleichen Souvenirs, die wir schon überall in Peru gesehen hatten, zu völlig überhöhten Preisen verkauft wurden. Einziger Lichtblick in dieser Stadt war ein chinesisches Restaurant, das für das was sie boten einigermaßen akzeptable Preise hatte. Bloß weg von hier! Aber als wir das Busunternehmen aufsuchten, das uns weiter befördern sollte, erfuhren wir, dass die nächste Beförderungsmöglichkeit erst am kommenden Abend möglich war. So wanderten wir am nächsten Morgen zum Kreuz Mirador, von dem aus man angeblich eine gute Aussicht über Huaras haben sollte. Aber, wie schon vorher beschrieben, wenn die Stadt schon nicht schön erscheint, ist der Überblick bestimmt nicht viel besser. Etwas faszinierendes haben wir dort aber doch erlebt! Auf unserem Weg hatten wir auf einmal einen Trauerzug mit Bläserkapelle vor uns. Bevor wir uns versahen, waren wir mitten drin. Dies war ein unglaubliches Erlebnis. Unterscheiden sich doch unsere Bräuche und Rituale so sehr von denen der Indios. Lautes Zeter und Mordio übertönte fast die Klänge der Kapelle. Auf einmal machten alle, einschließlich der Träger Stop an einem kleinen Laden um einen Drink zu sich zu nehmen. Kein Klagen war mehr zu hören. Nach der 'Stärkung' ging es dann weiter. Natürlich mit lautem Geweine! Der Friedhof lag unterhalb vom Kreuz Mirador. Die Trauergemeinde ging in Richtung Grabstätte, wir auf unseren Berg. Dieses Ereignis beschäftigte uns aber doch noch eine ganze Weile. Am Abend suchten wir ganz schnell das Weite und setzten uns in den Bus, der uns zu unserer nächsten Zwischenstation, Trujillo, bringen sollte. Die Fahrt dauerte 10 Stunden. Wir erreichten Trujillo morgens um 7Uhr, gerade rechtzeitig zum Kaffeetrinken. Eigentlich war uns mehr nach einem Bett als nach Besichtigungen zumute. Aber morgens, wenn es draußen hell wird zu schlafen entsprach nicht gerade unserem Stil, Zumal morgens in Peru das Leben wirklich pulsiert und es immer wieder faszinierend ist dem geschäftigen Treiben der Peruaner zuzuschauen. Auf der Plaza de Armas wurden zu diesem Zeitpunkt die farbenfrohen Stände aufgebaut, die insbesondere mich natürlich wieder zum Einkaufen verleiteten. Trujillo ist die zweitgrößte Stadt in Peru und wurde von Pizzaro im 16. Jahrhundert gegründet. Wen wunderte es da, das Plätze, Kirchen, Häuser mit ihren wunderschön verzierten Balkons und Kloster völlig im spanischen Stil erbaut waren. Es gab dort auch sehr viele Grünanlagen, die sich gegen die braunen Hügel und Berge im Hintergrund wohltuend abhoben. Nun, wir hatten nur 6Stunden Zeit uns umzuschauen, denn unser Bus, der uns nach Piura bringen sollte, fuhr um 13 Uhr. Aber in dieser Zeit ereilte uns auch der Einfluss westlicher Zivilisation. Wir sahen ein Schild auf dem der Name Hounted House geschrieben stand. Was sollte das sein? Abgesehen von dem Schild unterschied das Haus sich von außen nicht von den schönen alten Bauten rund um den Platz. Neugierig, wie wir nun einmal sind betraten wir das Gebäude und fanden uns in einer Spielhalle mit Flippern und anderen Spielgeräten wieder. Was für ein Kontrast! Wie den zahlreichen Peruanern machte es uns aber einen tierischen

Spaß, ein Paar Spiele zu machen. Unser Flipper wurde bald umringt von zahlreichen Zuschauern, denn mit dem für uns alten Modell hatten wir keinerlei Schwierigkeiten und so bekamen wir eine Menge von Freispielen. Irgendwie wurden dort unsere Lebensgeister wach und so stürzten wir uns wieder in den Trubel, der rund um die Plaza de Armas herrschte. Bald ging es dann weiter mit dem Bus nach Piura. Eine merkwürdige Stadt. Kurz nach der Ankunft trafen wir zwei Polizisten, die überhaupt nicht verstanden, dass wir dort allein herumliefen. Das Pflaster war anscheinend nicht gerade ungefährlich! Sie meinten, dass wir ohne ihren Schutz nicht auskämen und begleiteten uns den ganzen langen Weg zum anderen Terminal, von dem unser nächster Bus abfuhr. Anscheinend wollten die Beamten geschmiert werden, denn sie zogen erst ab, als wir ihnen eine Entlohnung für ihren Gang gegeben hatten. Fremde Länder, fremde Sitten! Oh Mann! Der Bus fuhr erst 1Uhr nachts. Gewarnt von den Polizisten blieben wir in der Nähe des Terminals, wo es ein Cafe gab. Ansonsten benutzten wir unsere Schlafsäcke für einen kleinen Knapp, bevor es weiter ging. Endlich war es soweit, das wir diese recht merkwürdige Stadt verlassen konnten. Es ging weiter nach Tumbes, von wo aus uns ein Collectivo, das absolut klapperig war, an die Grenze brachte. Die Beamten machten sich dort unwahrscheinlich wichtig und fragten uns ob wir überhaupt genügend Geld hätten um die Grenze zu passieren. Nun wir konnten genügend Bargeld nachweisen, doch das war den Beamten nicht ausreichend. Souvenirs Alemania? Also kramten wir ein paar deutsche Münzen heraus nur um weiter zu kommen. Jeder in Uniform musste hier wohl geschmiert werden. Nun die richtige Grenze kam erst noch. Wir befanden uns irgendwie in einem 'Niemandsland'. Ein Carro (Collectivo) nahm uns bis Aqua Verdes mit. Die Fahrt dauerte immerhin 30 min., was mir noch länger erschien, wenn man an die Tatsache denkt, das wir die Grenzbeamten schon so lange passiert hatten. Von dem kleinen Grenzort aus, ging es zu Fuß, an Souvenirshops vorbei, über eine lange Brücke, auf die equatorianische Seite. Der Ort auf der anderen Seite hieß

Huaquillas. Irgendwie wollten wir unser restliches peruanisches Geld noch loswerden, denn für Equador war es nutzlos. So gaben wir unsere Soles zum Leidwesen der vielen Geldwechsler bei einem Mittagessen und zum Kauf eines Shampoos, das wie Handpaste roch, aus. Es war unglaublich, wie viele Peruaner die Brücke nach Equador überquerten, nur um Schnäppchen zu machen. Es gab nichts, was sie nicht verkauften. Von Popcorn über Erdnüsse, Süßigkeiten bis hin zu Pullovern und, man kann es nicht anders sagen, 'Schnickschnack'. Abends bevor 18 Uhr, wenn die Brücke geschlossen wurde, kehrten sie dann wieder heim. Sie schienen sich dabei sehr wohl zu fühlen und immerhin taten sie etwas und saßen nicht so lethargisch vor sich hin! Was wir doch vorher oft beobachten mussten. Wenn man die Grenze überquert hat, denkt man alle Formalitäten erledigt zu haben. Aber weit gefehlt! Wir mussten uns erst noch bei dem Officina de Imigration offiziell anmelden. Was ein Aufwand! Aber es war halt erforderlich. Dann begann unsere Suche nach einem Bus nach Guayaquil. Angeblich gab es einen! Aber unsere Suche war erfolglos. Nun was tun? In unserem Führer wurde eine andere Möglichkeit angezeigt. Mit einem Zwischenstop in Machala konnten wir unser nächstes Ziel indirekt erreichen. Die Fahrt nach Guayaquil war berauschend. Als wäre man nicht von einem Land ins andere, sondern auf einen anderen Kontinent gereist. Nach der Wüste von Peru erwarteten uns nun riesige Bananenplantagen, dichter grüner Dschungel und vor allem feuchte Hitze, die uns ganz schön zu schaffen machte. Auch der Höhenunterschied, schließlich befanden wir uns nach unserem Aufenthalt in Höhen um 3000 Metern jetzt auf Meereshöhe, war nicht gerade 'von schlechten Eltern'. Aber die wahnsinnigen Eindrücke, die auf uns einwirkten machten alle unangenehmen Nebenerscheinungen wett. Als Europäer sieht man so gut wie nie Bananenstauden. Bananen im Geschäft haben nichts mit ihrer Struktur an den Stauden gemein. In der Natur erscheinen sie wie riesige Trauben und hängen, für uns, verkehrt herum an den Stauden. Außerdem schmücken riesige Blüten die 'Traube'.

Ich war überwältigt! Phantastisch! Doch dieser Anblick war nicht alles. Ich sah Papageien mitten auf dem Weg sitzen, so wunderschön. Zu Hause sehen wir sie nur in Käfigen! Es war wirklich eine andere Welt! Leider wurde der Anblick schnell getrübt und wir wieder auf den Boden der Tatsachen gebracht. Eine Polizeikontrolle erwartete uns. Uns rutschte bei dem Anblick der scharfbewaffneten Männer ganz schön das Herz in die Hose. Wir hatten zwar nichts auf dem Kerbholz aber kurz vor unserer Abreise hatten wir noch einen Kinofilm über Nicaragua gesehen, indem Journalisten, und nicht nur die, auf offener Straße 'abgeknallt' wurden. Die hatten auch nichts verkehrt gemacht. Außerdem war uns natürlich noch das Massaker von Ayacucho im Gedächtnis. Was wirklich dort abgelaufen war, wussten wir nicht. Wer war beteiligt und wer nicht? In so einem Moment geht einem schon einiges durch den Kopf. Andere Länder, andere Sitten! Lieber Gott, hoffentlich hatten wir das richtige Gesicht und die richtigen Antworten um nicht in Ungnade zu fallen. Wenn man nicht in dieser Situation steckt kann man gar nicht erahnen, was für Gefühle und Gedanken auftauchen. Jeder musste den Bus verlassen und sich mit erhobenen Händen nach vorn an den Bus lehnen. Dabei wurden Frauen von den Männern getrennt. Ich weiß allerdings nicht warum. Gott sei Dank hatte ich die Cocablätter, die ich für Tee gekauft hatte schon vor der Grenze verschenkt. Ansonsten hätten sie uns vielleicht für Schmuggler gehalten. Als Militärs meine Handtasche durchsuchten hatte ich eines der kuriosesten Erlebnisse meines Lebens. Eigentlich war nichts Verdächtiges in meiner Tasche. Aber halt! Auf einmal hielt einer der Beamten ein für mich vertrautes Utensil in der Hand. Ein kleines weißes Röllchen. Er versuchte heraus zu finden, was es war. Es entbehrte wahrhaftig nicht einer gewissen Situationskomik. Ich stand da und versuchte mit Händen und Füßen zu erklären, was es war. Aber der Beamte bestand darauf, es zu untersuchen. Er zerriss das Tampon völlig. Nun, danach war er befriedigt, denn offensichtlich schmuggelte ich wirklich nichts. Wenn ich diese kleine Episode heute zum besten gebe, sorgt dieses nur für

Gelächter und für Kopfschütteln. Hier ist aber Europa mit all seinen Entwicklungen, Fortschritten und 'Erleichterungen'. Dort sieht alles etwas anders aus. Ich hatte blanke Angst. Ich war nun einmal nicht an Menschen gewöhnt, die schwerbewaffnet durch die Gegend liefen. Nach dem ihre Neugier befriedigt war ließen sie uns in Ruhe. So konnte unsere Reise dann, Gott sei Dank, unbehelligt weitergehen. Bei den Stops verkauften Kinder Tortillas und gebackene Bananen mit Käse in Öl. Köstlich! So verging die Fahrt wirklich flott. Als wir in Guayaquil ankamen, waren wir außerordentlich überrascht. Die Stadt hatte normale geteerte Straßen und erschien, soweit wir es im Dunklen sehen konnten, sehr sauber. Der Kontrast zu Peru war eklatant. Es war schon recht spät und so waren wir sehr darauf erpicht schnell ein Hotel zu finden. In unserem South American Handbook gefiel uns das Hotel Residencial Embachador. Also los! Wir suchten und suchten aber das Hotel existierte nicht mehr. Was tun? Es wurde ja nicht gerade früher und wir waren auch ganz schön müde. ‚Donde esta un hotel mas barato?' Wir fragten die vorbeigehenden Passanten nach einem günstigen Hotel. Zuerst wurden wir daraufhin in eine Absteige verwiesen. Dort erklärte uns der Portier, er wisse gar nicht ob er ein Zimmer frei habe oder nicht. Mann oh Mann! Wenn man ein Etablissement egal welcher Klasse führt sollte man doch wissen ob Zimmer zu vermieten sind oder nicht! Also gingen wir weiter auf Suche! Dann gab es da noch ein Hotel in der Nähe. Um es zu erreichen musste man eine lange Treppe hinauf gehen. Nun Dieter wartete unten, während ich die Stufen erklimm. Oben erwartete mich an der sogenannten Rezeption ein Mann, der mich sehr erstaunt musterte. Eine Frau war in dieser Pension wirklich nicht gern gesehen. Ich war in einem Homosexuellentreff gelandet. Ich hatte vielleicht eine rote Birne, als ich wieder unten an der Treppe ankam. Irgendwie hatte ich aber den Eindruck, dass die Männer oben fast mehr in Verlegenheit erschienen als ich. So etwas passiert halt mitunter. Also wieder nichts! Es wurde später und später. Auf einmal sprach uns ein Mann auf der Straße an und fragte uns tatsächlich, ob wir ein

Zimmer bräuchten. Sein Schwager hätte ein Hotel, wo noch Zimmer zu haben wären. Das klang wirklich gut, denn wir waren inzwischen sehr müde. Er brachte uns gleich hin zu dem Hotel Ecuatoriana. Auf den ersten Blick wirkte es gar nicht so schlecht und so nahmen wir dort ein Doppelzimmer mit Dusche. Völlig erschöpft sanken wir ins Bett und schliefen sofort ein. Ein Knistern weckte mich. Ich fing an, mich im Zimmer umzusehen und bekam auf einmal einen Schock. Die Kakerlaken waren überall! Am schlimmsten war es im Badezimmer. Das Senckenbergmuseum hätte sich sicher über einige der Prachtexemplare gefreut! Was für riesige Viecher! Hier wollte ich keine Nacht länger bleiben! Aber fast pervers behielten wir das Zimmer bis zu unserer Abreise. Da sieht man, wie sehr und schnell man sich doch an ungewohnte Verhältnisse gewöhnen kann. Morgens konnten wir die von uns als so sauber empfundene Stadt im Licht sehen. Was ein Schock! Total steril! Gekachelte Gehwege waren zu den staubigen 'Wegen' in Peru ein totaler Kontrast. Auf unserer Reise ging es ja weiß Gott nicht sauber zu, aber das Gefühl, von der Straße essen zu können, war dann doch völlig unglaublich im Gegensatz zu dem, was wir in Peru erlebt hatten. Die schöne Seite wurde dann allerdings durch die vielen Parkanlagen repräsentiert. Dort war es jedoch gefährlich, sich auf einer Bank niederzulassen. In den riesigen Bäumen tummelten sich Leguane, die ihren Unrat nach unten auf die Menschheit abgaben. Und nicht zu knapp! Also besser Reißaus nehmen. Ein besonderes Ereignis in Guayaquil war die Wahl eines neuen Präsidenten, die wir hautnah miterleben konnten. Die ganze Stadt feierte. Alles war mit Girlanden geschmückt und Menschenmassen säumten die Straßen und tanzten. Viele tauchten verkleidet auf. Man kam sich vor wie beim Carneval in Rio. Es war ein riesiges Fest. Nicht im mindesten vergleichbar mit Kanzler- oder Präsidentenwahlen in Europa, wo alles doch recht nüchtern abläuft. Die Menschen dort klammerten sich völlig an die Hoffnung, das sich einiges durch eine neue Führung ändern würde. Viel schlechter konnte es ja für sie nicht werden. Und außerdem war die Wahl wieder einmal ein Grund zu feiern. Dies liegt einfach im Blut der Südamerikaner, die immer sehr innovativ sind, wenn es zum Feiern kommt. Eine Gabe, die sie sich selbst in ihrer nicht so berauschenden Lage erhielten. Interessant war es immer wieder, die kleinen chinesischen Restaurants zu erkunden, die recht gute Küche anboten. In einem von ihnen hatte Dieter dann auch seine erste Begegnung mit Stäbchen. Am Anfang ging er ganz enthusiastisch an die Sache 'ran. Er war aber auch ziemlich hungrig und so war seine Geduld recht schnell erschöpft. Für das Essen braucht man halt Übung, die man nicht durch Aufgeben bekommt. Vielleicht darf man einfach keinen Kohldampf haben. Mittlerweile kann er es und es macht ihm dazu auch noch Spaß, mit Stäbchen zu essen. Aber das Lustigste war unsere erste Begegnung mit Königskrabben in Südamerika, sprich Guayaquil. Ich musste immer alles probieren und so hielten wir sofort bei einem Schild an, das diese Köstlichkeiten anpries. Wir bestellten und nach einer kurzen Zeit bekamen wir unsere Königskrabben serviert. Auf einem Holzbrett mit einem Holzhammer daneben. Wir bekamen einen Lachkrampf, denn in Europa hätten wir wahrscheinlich jeder eine Zange zum Öffnen des Panzers der Krabben erhalten. Aber einen Holzhammer! Es funktionierte wunderbar und unser Essen schmeckte köstlich! Diese kleine Episode habe ich versucht, in Bildern festzuhalten. Es war zu komisch, um es unberücksichtigt zu lassen. Ansonsten war Guayaquil nur eine Durchgangsstation. Unser nächstes großes Ziel war Quito. Zum einen wollten wir weiter Relikte der Inkas sehen, zum anderen war es auch Ausgangspunkt für unsere Bergbesteigungen von Chimboraso und Cotopaxi. Die Fahrt war sehr lustig. Wir waren die einzigen, die keine Kutte oder Ordenstracht trugen. Ansonsten war der Bus nur mit Nonnen besetzt. Sie waren völlig weltoffen und sahen ihr Leben auch nicht in der Abgeschiedenheit eines Klosters, sondern unter den Menschen um zu helfen. Und Hilfsbedürftige gab es weiß Gott genug. Ihre kleinen Anekdoten brachten uns zum Schmunzeln. Es war wirklich herzerfrischend, was sie zum Besten gaben. So verging die Fahrt wie im Flug. Unser Ankunft in Quito war unbeschreiblich schön. Wir sahen ein einzig großes Lichtermeer. Hier in Quito hatte man wieder das Gefühl der Beschaulichkeit und auch Vertrautheit mit den Menschen, das uns in Guayaquil völlig abgekommen war. Nun muss man allerdings sagen, dass Guayaquil ein Finanzzentrum in Südamerika ist und dort finden sich normalerweise keine armen Indios sondern Männer, die meinen, die Welt bestimmen zu können. Das Publikum unterschied sich somit maßgeblich von dem, das wir bis dahin getroffen hatten. Aber zurück nach Quito. Das Hotel Rocafuerte sollte unser Domizil für die Dauer unseres Aufenthalts werden. Denkste! Ein sehr unfreundlicher Portier erwartete uns. Er zeigte uns ein Zimmer ohne Fenster, klein wie ein Käfig und das Bett war benutzt und nicht frisch überzogen. Wir waren schon einiges gewöhnt aber das übertraf wirklich alles. Nein Danke! Mit der Wahl unseres Hotels am nächsten Morgen hatten wir dann aber großes Glück. Es lag an der Plaza Domingo völlig in der Mitte der Stadt. Unser Zimmer hatte sogar den Blick auf den Platz mit einer Kathedrale im Hintergrund. Zentraler ging es ja wohl wirklich nicht. Das dies auch seine Schattenseite haben konnte mussten wir bald erfahren. Als wir von einer unserer Besichtigungen nach Hause wollten gerieten wir in eine Menge von jungen Studenten, die für eine bessere Ausbildung demonstrierten. Eigentlich wäre dies eine harmlose Angelegenheit gewesen, denn die Studenten liefen ganz friedlich vor sich hin und sangen pazifistische Lieder. Man hatte von ihnen nicht gerade den Eindruck, dass sie terroristische oder gewalttätige Ziele verfolgten. Es waren halt Studenten, die versuchten ihre Ideale zu verwirklichen und Probleme aufzuzeigen. Etwas, das nun einmal viele Studenten in der ganzen Welt tun. Allerdings kam eine Einheit bewaffneter Soldaten in Wasserwerfern und fing an Kampfgas zu versprühen. So etwas Ekelhaftes hatte ich wirklich noch nicht erlebt. Das Gas reizte alle Schleimhäute gleichermaßen. Wir konnten nicht mehr aus den Augen schauen und Luft holen war auch so gut wie unmöglich. Was für ein fürchterliches Gefühl! Wir versuchten aus der Menge herauszukommen, denn unser Hotel war gerade auf der anderen Seite des Platzes. Aber durch die Panik, die vor allem durch das Tränengas und die Soldaten verursacht wurde, war es schier unmöglich zu entkommen. Wir drängten uns eng an den Häusern vorbei. Diese Idee hatten jedoch auch viele andere. Die Luft wurde immer schlechter. Man hatte das Gefühl zu ersticken. Ganz schön brutale Methoden eine 'stinknormale' Demonstration auf zu lösen. Aber sehr effektiv! Diejenigen, die nicht entkommen konnten, wurden verhaftet. Das fehlte uns gerade noch! Vielleicht würde man uns mit den Demonstranten in einen Topf werfen. Und dann? Wer hätte uns helfen können oder wollen? Vielleicht hätten nicht 'mal unsere Angehörigen davon erfahren, wo wir uns befanden. Die Aussicht, in einem Knast in einem fremden Land zu landen machte uns doch Angst. Zu viele Stories hatten wir schon gehört und gesehen, wo Touristen oder Zuschauer auf einmal irgendwo in der Versenkung verschwanden. Bloß schnell weg und in unser Hotelzimmer. Das war unser einziger Gedanke. Nach einer 'Ewigkeit' erreichten wir den Eingang unseres Hotels. Es dauerte danach noch eine ganze Weile, bis wir uns wieder ein bisschen berappelt hatten. Das Gas reizte wirklich nachhaltig. Von unserem Zimmer aus verfolgten wir das traurige Ende der Demonstration. Die armen Studenten! Man ging nicht gerade zimperlich mit ihnen um! Gott sei Dank hatten wir es geschafft unbehelligt, sieht man von den Nachwirkungen des Gases ab, zu entkommen. Sah man auf die ganze Aktion, warf es für uns die Frage auf, wie das Militär wohl richtige Verbrecher behandeln würden, wenn sie schon harmlose Studenten so radikal davon in Kenntnis setzten, dass ihr Verhalten unerwünscht war. Insgeheim hofften wir darauf, direkt unterhalb der Berge mehr zu erfahren.

In der Nähe von unserem Hotel fanden wir einen alten Mann, der vor einem riesigen Topf stand. Neugierig, wie wir waren, mussten wir unbedingt herausfinden, was dort gebrodelt wurde. Es waren zu unserem Entzücken wieder, wie in Guayaquil, Königskrabben. Klar, das wir zuschlugen. Sie kosteten im wahrsten Sinne nur 'einen Apfel und ein Ei'. Uns erwartete die uns schon bekannte Prozedur. Holzbrett und Holzhammer! War das ein Genuss! In Deutschland muss man in die feinsten Restaurants gehen, um solche Köstlichkeiten zu bekommen. Hier wurde alles auf der Straße auf kleinen Holzbänken und Tischen, die man bei uns im Bierzelt vorfinden würde, serviert. Wirklich urig! Der alte Mann wurde für die Zeit unseres Aufenthalts unser liebster Anlaufpunkt. Ich konnte gar nicht genug von den Krabben bekommen. Super! Etwas, was manche Hausfrau in unserer westlichen Welt bestimmt als angenehm empfinden würde, waren die Wäschereien. Wir hatten wirklich nicht viel dabei, denn schließlich mussten wir ja alles schleppen und so brachten wir immer alles zum Waschen, um es dann sauber und gebügelt abzuholen. Für den Preis, den wir dort für unsere gesamte Wäsche bezahlten hätten wir in Europa nicht mal ein Handtuch reinigen lassen können. Nun mitunter hatte diese Bequemlichkeit auch einen Haken. Die Wäsche wurde nicht, wie bei uns, in der Maschine, sondern auf einem Waschbrett gesäubert. Als wir unsere Wäsche nun abholten, mussten wir feststellen, dass einige Teile viele Löcher aufwiesen. Die Wäscherinnen hatten wohl ein bisschen zu viel des guten getan. So gingen einige Teile direkt in den Müll. Was soll's! Man glaubt es nicht! Zum erstenmal seit unserer Ankunft in Südamerika regnete es. Wir dachten schon, dass es das hier gar nicht gäbe. Alles, was vorher so toll aussah, war nun nur noch trist. Gott sei Dank dauerte der Schauer nicht sehr lange.

Bergsteigen, kalte Füße und einige Überraschungen

Nun sollte es endlich zu unserem ersten Berg, dem Chimborazo gehen. Erstes Zwischenziel war Ambato. Dort fragten wir nach Pogyos, dem Ort, wo die Route, die wir nehmen wollten, starten sollte. Wir versuchten diesen Ort zu finden. Keiner kannte ihn und er tauchte auch auf keiner Landkarte auf. Was tun? Nun statt in Pogyos landeten wir nach einer falschen Information in Banos. Sollten wir zurück nach Ambato oder wie sollte es weiter gehen? Nach Aussagen einiger Einwohner war es billiger nach Riobamba

zu fahren und von dort aus weiter in Richtung Cotopaxi.
Also gut! Auf ging es mit einem kleinen Bus nach
Riobamba. Wir fanden ein wirklich hübsches kleines Hotel,
das auch nicht teuer war. Dann führte unser erster Gang zu
Senor Veloz, einem 'Führer der Berge'. Wir wollten endlich
eine Karte haben um unser Vorhaben zu verwirklichen.
Dummerweise war der Herr aber nicht zu Hause. Glück
hatten wir jedoch, als uns seine Frau von zwei jungen
Schweizern erzählte, die wie wir den 'Chimbo' besteigen
wollten. Im Team war es nach unserer Ansicht wesentlich
sicherer und vor allem auch kurzweiliger. Also suchten wir
die beiden Schweizer in ihrem Hotel auf. Als sie uns
allerdings erzählten, daß sie über die Whymper Route auf
den Chimborazo wollten machten wir fast einen Rückzieher,
denn wir wussten, dass der Transport von Riobamba zum
Basiscamp Whymper Refugio sehr teuer war. Überlegt man,
was wir durchschnittlich für Transportmittel ausgaben,
nämlich 2-4$, war der Preis für unsere Fahrt mit 33$
horrend. Andererseits waren wir ja nun zu viert und so
konnten wir uns die Kosten teilen. Wir machten uns auf um
einen Fahrer zu finden und die Details mit ihm
abzusprechen. Morgens früh um 8Uhr starteten wir dann.
Es ging in einem kleinen Jeep durch karge, einsame
Gegend in Serpentinen nach oben. Fast gespenstisch, so
allein zu 'sein'. Rundherum gab es außer grauen Steinen
und Lava gar nichts. Unser Fahrer lud uns auf einer Höhe
von 4800Metern ab, da dort die Straße endete. Danach
hatten wir noch einen kleinen Fußmarsch vor uns, denn das
Basislager lag auf 5000Metern. Dort lag eine kleine Hütte,
von der man den Aufstieg begann. Sie wurde von zwei sehr
netten Männern geleitet, die anscheinend dankbar waren,
wenn sie sich 'mal' mit jemand anderem unterhalten
konnten. Wir bezahlten für die Unterkunft ganze 2.50$.
Dafür gab es noch kleine Snacks und Getränke. Das war für
uns jedoch nicht wichtig. Wir waren so unglaublich
gespannt, endlich unseren 'Chimbo' zu besteigen. Der
Aufstieg sollte 8-9 Stunden dauern und der Abstieg 4
Stunden. Da sich das Wetter morgens auf dem Gipfel
oftmals um ungefähr 10Uhr rapide ändert, war es ratsam, zu

diesem Zeitpunkt wieder auf dem Rückweg zu sein. Dies hieß, dass wir nachts zwischen 00 und 01Uhr aufbrechen mussten. Eine ganz schön unchristliche Zeit! Ich dachte, einen Wecker zu benötigen, aber die große Höhe und wahrscheinlich die Aufregung sorgten dafür, dass ich überhaupt nicht schlafen konnte. Mein Herz klopfte und mein Puls raste. Vom Luftholen ganz zu schweigen. Als ich das meinen Mitstreitern erzählte, sagten sie, das ich nur mitkommen dürfe, wenn meine Pulsfrequenz unter 80 lag. Mir ging ganz schön die 'Muffe', denn schließlich wollte ich doch das Erlebnis, den Chimborazo zu bezwingen, nicht versäumen. Aber dann klärten sie mich auf, dass es ihnen genauso ging und sie mich einfach auf die Schippe nehmen wollten. Das war nicht gerade die Art von Scherz, die ich brauchte. Einer unserer Schweizer ging dann nach draußen um die Lage zu sondieren. Schließlich brauchten wir gutes Wetter. Ansonsten wäre die ganze Aktion reiner Selbstmord gewesen. Dann hatten wir noch eine 'Henkersmahlzeit' mit Haferflocken und Obst und das mitten in der Nacht! Na ja! Und dann ging es los! Als wir aus der Hütte traten waren wir wie verzaubert von dem, was wir sahen. Sterne ohne Ende an tiefblauem Himmel. Dadurch, das oberhalb von uns nur Gletscher und Schnee war, war es auch gar nicht dunkel. Unglaublich! Traumhaft schön! Aber die Tatsache, das es so klar war bedeutete auch eisige Temperaturen. Nun der Rest unserer 'Mannschaft' sagte, das wir ja immer in Bewegung sein würden und so die Kälte nicht so sehr spüren würden. Diese Meinung konnte ich allerdings während der ganzen Exkursion nicht teilen. Meine Hände wurden trotz meiner speziell für Bergsteigen konzipierten Handschuhe nicht warm. Nicht besser erging es meinen Füßen. Ich hatte extra Seidenstrümpfe, die besonders gut wärmen sollten und darüber dicke Socken an und trotzdem war mir nur kalt. Die ersten 100 Höhenmeter gingen mehr oder weniger locker über Geröll dahin und dann kam der sogenannte Thielman Gletscher. Nun mussten wir unsere Steigeisen, sie funktionieren wie Spikes, anschnallen. Ohne sie wären wir nicht sehr weit gekommen. Mit Eispickeln als Stützen oder auch Stöcken kämpften wir uns dann vorwärts.

Es ging für eine Weile auf einem Grat entlang. Dann ging es auf einer steilen Passage durch Felsen hindurch. Es wurde immer steiler. Wir wussten, dass wir den Thielmangletscher nach links traversieren mußten aber nicht genau wo. Einer unserer Schweizer ging vor und testete das Gelände mit seinem Eispickel ab, das hieß er stieß ihn in einigen Abständen in die Schneedecke. Und prompt ging eine Ladung Eis und Schnee nach unten ab. Gott sei Dank ist ihm nichts passiert. Mann, das war mehr Aufregung, als wir brauchten. Wir orientierten uns wieder nach rechts und sahen nach einer Weile im Schnee eine Markierung, die uns die Stelle zur Traversion zeigte. Also 'rüber. Ein Schock war für mich, als einige Leute einen Akia, mit einem Franzosen darauf, nach unten transportierten. Er hatte sich völlig überschätzt und litt an einem Höhenkoller. Hoffentlich passierte uns nicht so etwas.

Der Chimborazo ist genau wie die meisten Berge und speziell wie der El Misti ein ehemaliger Vulkan. Man sieht den Gipfel nicht sondern wandert ohne ein Ziel zu sehen weiter und weiter. Diese Erfahrung hatten wir ja schon früher gemacht und trotzdem war es schwer für mich, ohne das Ziel vor Augen zu haben, weiterzugehen. Und immer noch war es sternenklar und eisig kalt. Die Kälte kann man glaube ich von einer Beschreibung her gar nicht erahnen, aber man muss sich wirklich vor Augen halten, dass wir uns auf einem Gletscher und somit nur auf Eis und Schnee befanden. Um den Mond befand sich ein Halo, ein Ring, der aus Eiskristallen besteht. Diesen sehen wir auch in Europa, wenn die Temperaturen einmal richtig nach unten gehen. Aber so eine Eises Kälte dürfte wohl bei uns eher die Ausnahme sein. Ein anderes Hindernis für mich war die Tatsache, das meine Begleiter eine wesentlich größere Schrittlänge als ich hatten. Damit war ihr Tempo auch nicht mit meinem identisch. So hing ich doch immer wieder ein ganzes Stück hinter dem Rest zurück. Meine Mitstreiter meinten zwar, das es ihnen nichts ausmache, aber ich fühlte mich mitunter doch als Hindernis. Auf der anderen Seite machte ich mir dann immer wieder Mut, in dem ich mir sagte, das nur wenig Frauen einen so immens hohen Berg erklimmen und ich würde eine von diesen wenigen sein. Also immer weiter! Aber wie das Leben so spielt! Damals sollte ich den Gipfel des Chimborazo nicht erreichen. Kurz unter dem Gipfel rutschte ich auf einmal weg. Das sollte eigentlich mit Steigeisen nicht passieren. Als wir nach dem Grund suchten sahen wir, dass eines meiner Steigeisen gebrochen war. Aus der Traum, den Gipfel zu erreichen. Ich saß im Schnee und habe Rotz und Wasser geheult aus Wut. So kurz vor dem Ziel und dann so etwas. Wir überlegten nun, was wir machen würden. Sicher war, dass ich ohne Hilfe nicht wieder nach unten kam. Auf die anderen bis nach ihrer Gipfelbesteigung zu warten war bei dieser Kälte unmöglich. Aber Dieter und Harry, einer der Schweizer wollten unbedingt die paar Meter bis zum Gipfel noch zurücklegen. Zu groß war der Aufwand bis hier schon gewesen um aufzugeben. Ganz schön selbstsüchtig! Aber ich war ja selbst wie ein 'Geier' gewesen, als es um die Besteigung des 'Chimbo' ging. Nun Lukas, der andere Schweizer erklärte sich bereit auf das große Erlebnis zu verzichten und mich abzuseilen. Eine Aufgabe, die eigentlich mein Freund und Partner Dieter hätte übernehmen sollen. Das er so egoistisch war verstärkte meine Wut nur noch.

Man glaubt gar nicht, wie wichtig Steigeisen auf einem Gletscher sind. Der Abstieg war wesentlich mühseliger als der Aufstieg. Ich wurde immer 20Meter abgeseilt und musste dann warten bis Lukas zu mir herunter kam. Und wieder und wieder die gleiche Prozedur! Es war eine absolut aufwendige, zeit-und vor allem kraftraubende Aktion. Ich dachte wirklich, dass wir niemals unten ankommen würden. Und immer noch diese unglaubliche Kälte, die ich natürlich während des Wartens auf Lukas besonders empfand. Er kam, im Gegensatz zu mir ganz schön ins Schwitzen. Schließlich hatte er Verantwortung für 48 Kilogramm. Aber er sicherte mich ganz toll und ich hatte keinen Moment Angst. Ich vertraute ihm völlig. Wir waren ziemlich durstig, doch unser Wasservorrat war durch die große Kälte eingefroren. Also mussten wir dieses Bedürfnis wohl erst mal zurückstellen. Wir aßen dann von dem Schnee rund um uns herum. Recht merkwürdiges Gefühl! Irgendwann sahen wir dann endlich die Hütte, von der aus wir gestartet waren. Die letzten Meter führten uns wieder durch Geröll und das war fast noch schwerer als der ganze Weg, den ich abgeseilt worden war. Ich hatte das Gefühl, das ich nicht vorwärts komme. Ekelhaft! Und ich war sowieso schon total erschöpft von der ganzen Aktion. Aber wir haben das Refugio doch erreicht und sanken total 'erschossen' in unsere Betten. Allerdings schlief ich nicht lange, denn ich hatte totale Wut im Bauch. Dies kam nicht nur durch die Tatsache, das ich mein Ziel nicht erreicht hatte sondern auch weil mich ein 'Fremder' abseilen musste, da Dieter es sich nicht nehmen lassen wollte, den Gipfel zu erklimmen. Aber auf der anderen Seite hatte es Lukas wirklich professionell gemacht und ich war heil wieder unten. Als wir aus dem Fenster schauten, hatte es angefangen zu schneien und schnell war das Geröll im Schnee verschwunden. Wunderschön, aber nun wussten wir, warum der Aufstieg möglichst früh erfolgen sollte. Der Wetterbericht war im Gegensatz zu dem in Europa sehr zuverlässig. In meinem Kopf spukte zu dem Zeitpunkt nur ein Gedanke. So schnell wie möglich in einen Ort, um neue Steigeisen zu kaufen und einen weiteren Anlauf zu wagen. Dieser wurde noch durch den Bericht von Dieter verstärkt, als er von seiner, im Gegensatz zu meiner, erfolgreichen Tour zurück kam. Laut Dieter war der kleine Rest des Weges zum Gipfel, den ich nicht mehr zurücklegen konnte, im Vergleich zu dem Stück davor 'Peanuts'. Also auf ein Neues! Ich war davon überzeugt, dass ich nicht zweimal Pech haben würde. Aber wie ernüchternd ist der Anblick des Gipfels. Es gibt keine richtige Spitze, sondern man kommt sich vor wie auf einem richtigen verschneiten Fußballfeld. Und dafür die ganzen Strapazen! Aber da ist ja noch die andere Seite. Die wunderschöne Aussicht in jede Richtung, die völlig entschädigt für die Mühen und Unannehmlichkeiten. Ein Fahrer brachte uns wieder hinunter nach Riobamba, wo wir ein köstliches Mahl in einem kleinen Restaurant hatten. Ensalada de Mariscos, ein Salat mit Meeresfrüchten. Superb! Wir tauschten unsere Adressen aus und verabredeten uns für ein paar Tage später in Quito. Von dort aus wollten wir uns aufmachen, um unseren nächsten Berg, den Cotopaxi zu besteigen. Vorher wollten unsere zwei Schweizer noch in die Dschungelwelt von Equador eintauchen und die einzigartige Natur auf einer Bootsfahrt bewundern. Ich fand die Idee toll, doch Dieter empfand das nicht so. Er klärte mich über die Strapazen und das Klima in den Flussregionen auf. Er erinnerte mich auch an die Angstzustände, die mich auf unserem Trip auf dem Inkatrail ereilten, als wir im Nebelwald übernachteten. Der Gedanke von unglaublich hoher Luftfeuchtigkeit, und der damit verbundenen Atemnot und dem Herzklopfen und 'zig tausend Moskitos überzeugten mich dann davon, dieses Unterfangen nicht zu verwirklichen und lieber direkt nach Quito zurückzukehren. Dazu kam noch die Tatsache, dass wir uns mittlerweile so gut an die Höhe gewöhnt hatten und wir wieder in die Niederungen gegangen wären. Wir wussten nicht, wie unser Körper darauf reagiert hätte. Lieber kein Risiko eingehen und auf das Abenteuer im Dschungel verzichten lautete unsere Devise. Der Cotopaxi lockte zu sehr. Also nahmen wir einen Bus, der uns in anderthalb Stunden wieder nach Quito zurück brachte. Die Fahrt war wunderschön und ich nahm auf, was mir unter die Linse kam, was aus einem fahrenden Bus nicht gerade einfach ist. Ich war sehr gespannt, ob die Aufnahmen gut werden würden. Aber das konnten wir erst erfahren, wenn wir zurück nach Europa kommen und die Bilder entwickeln lassen würden. Angekommen in Quito wechselten wir aufgrund der Empfehlung unserer Schweizer Bekannten unser Domizil. Es hieß Gran Casino, war billiger und hatte sogar eine Sauna. Hier war der Treffpunkt der jungen Leute, die Equador erkunden wollten. Ich würde es als eine Art Jugendherberge bezeichnen. Aber als wir uns das Zimmer ansahen, traf uns der Schlag! Keine Fenster und die Wände beschmiert! Das konnte man vergessen! Hier wäre ich nicht geblieben. Das zweite Zimmer hatte wenigstens ein Fenster. Sauber war es aber auch nicht und es stank nach Mottenpulver. Nebenbei regnete es noch 'rein. Da wir während unserer ganzen Reise nur einmal Regen erlebt hatten, dachten wir jedoch, dieses Wagnis eingehen zu können. Es war außerdem ja nur für zwei Nächte. Neben der Sauna waren die Duschen, die tatsächlich warmes Wasser lieferten, ein Lichtblick. Was wir damals in Kauf nahmen, nur um eine billige Herberge zu haben, kann ich heute kaum noch nachvollziehen. Aber damals hatten wir nur wenig Geld und so nahmen wir was kam, denn wir wollten schließlich ja noch eine Weile herumreisen. Nach meinem ganzen Ärgernis um den Chimborazo hatte die ganze Aktion doch noch etwas Gutes. Wir beschlossen, sobald wie möglich zu heiraten. Wenn man sich unter den schwierigsten Bedingungen noch einigermaßen versteht, warum sollte es dann nicht ausreichend für ein ganzes Leben sein? Leider hatten wir keine Geburtsurkunden dabei, sonst hätte es schon damals geklappt. Viele beneideten uns um unsere Erfahrungen, die wir auf unserer Südamerikareise sammeln konnte. Eine Hochzeit dort unten, in einem Land, indem sich die Kultur so sehr von unserer unterscheidet, wäre wahrscheinlich die Krönung gewesen. Aber das sollte nicht ein Grund sein um zu heiraten und geklappt hatte es ja sowieso nicht. Aber der nächstmögliche Termin, wenn wir zurück in Europa waren war für unser 'Ewiges Bündnis' gebucht!

Am nächsten Tag wollten wir den 'nur' 4794Meter hohen Rucu Pichincha, einen der Hausberge von Quito, zu besteigen. Dafür brachen wir um 5Uhr auf. Der Weg war technisch nicht anspruchsvoll. Aber man brauchte schon eine Menge Geduld, den steinigen Weg nach oben zu bewältigen. Es war wunderschön, den Sonnenaufgang zu sehen. Die Stadt Quito lag im Nebel und wir standen darüber in der Sonne. Traumhaft! Und weiter ging es auf unserem Weg nach oben. Wir kamen in grüne Regionen, wo wir uns unbekannte Pflanzen sahen. Es blühte und blumte überall um uns herum. Die Höhe war ja nicht gerade gering und so war die Vielfalt der Blüten in allen uns erdenklichen Farben, die uns als Betrachter entgegenschillerten, schier unglaublich. Je mehr wir nach oben stiegen, um so extremer änderte sich das Landschaftsbild. Blüten wurden nun langsam durch

Grünpflanzen ersetzt. Einige, die für mich persönlich am meisten beeindruckenden, sahen von der Form aus wie Adventskränze, nur nadelten diese nicht und bestanden aus kurzen, kräftigen, grünen Trieben. Die Form der Triebe erinnerte mich ein bisschen an Asparagus. Aber sie war nicht so feingliedrig. Um den Namen und die Gattung dieser Art von Pflanzen zu erforschen fragte ich sogar einige Biologen, um welche Pflanze es sich handelt. Aber selbst sie konnten mir so gut wie keinen Aufschluss über den Ursprung oder die Art dieser Gebilde nennen. Schade! Solche bizzarren Formen sieht man in unseren Gefilden ja wirklich nicht oft. Ich wage zu behaupten gar nicht! Das Klima in den Bereichen, in denen wir uns bewegten, ist mit unserem bei weitem nicht zu vergleichen. Wie sollten dann solche Schönheiten bei uns gedeihen? Eine andere Hemisphäre, andere Botanik! Aber ich glaube, dass manch einem von uns aus Europa in einer so unterschiedlichen Welt so vieles entgeht, wenn er die vielen, durch Klima so verschiedenen Pflanzen, Blumen und Blüten, geprägt, nicht gesehen hat, solange er ein Interesse an der Natur und ihren vielen unzählbaren Geheimnissen hat.

Irgendwie hatten wir mit unseren Besteigungen bis jetzt nicht sehr viel Glück gehabt, was uns sehr bald wieder deutlich vor Augen geführt wurde, denn als wir Cruz Loma erreichten zog sich auf einmal der Rucu Pinchinchu mit Wolken zu. Es war unglaublich mit welcher Schnelligkeit das passierte. Eben noch der traumhafte Sonnenaufgang und in der nächsten Minute schon tausende von Wolken und aufziehender Nebel. Trotzdem gingen wir noch ein ganzes Stück weiter in der Hoffnung, dass es sich noch aufklären würde. Aber Fehlanzeige! Es wurde diesiger und diesiger und vor allem feuchter. Unser Ziel, der Gipfel rückte in weitere Ferne während wir eigentlich diesem immer näher kamen durch die widrigen Verhältnisse. Was war uns wichtiger? Auf den Gipfel des Berges zu gelangen und nur Nebel um uns herum um, ohne die Aussicht auf den bestimmt wunderbaren Ausblick genießen zu können, oder den Rückweg anzutreten, ehe das Wetter noch schlechter würde. Es gab ein Für und Wieder! Schließlich konnte es ja mit dem Wetter auch besser werden! Aber letztendlich beschlossen wir schließlich umzukehren. Traumhafte Aussichten hatten wir schon vorher gehabt und außerdem wollten wir uns dann doch nicht in willkürliche Gefahr begeben. Aber trotzdem Frust! Denn jeder Misserfolg auf einer Tour stimmte uns immer wieder traurig! In ziemlich unglücklicher Stimmung begaben wir uns dann auf unseren Heimweg. Wer weiß, was uns an unglaublicher Pflanzenpracht oberhalb unseres Standpunkts noch erwartet hätte. Was uns in dieser Beziehung bisher begegnet war, war wirklich beeindruckend gewesen. Eine Herausforderung für jeden Biologen! Wir wanderten eine Weile durch die grüne Landschaft ohne größeren Ausblick zu haben. Keine Pfade oder Wege! Nach einer Weile erreichten wir die ersten Wege, mit Steinchen bedeckt. Erste Anzeichen von Zivilisation! Nun kamen wir langsam wieder in die Regionen, wo wir Menschen treffen konnten. Eine Radiostation!!!!! Das hatten wir hier nicht gerade erwartet. Aber es erklärte warum der Weg auf einmal präpariert war. Obwohl wir ja wirklich gern wanderten erleichterte es uns den Abstieg ungemein. Ein Pfad ist nun einmal leichter zu begehen als den Weg durch Gestrüpp allein suchen zu müssen. Nach einer Weile erreichten wir Regionen, die wieder belebt waren. Wir sahen kleine Häuser und zu unserem Erstaunen ein Llama, das in einem kleinen 'Vorgarten' angebunden war. Wir hatten diese Tiere lange nicht mehr gesehen. Das letzte Mal war es in der Weite des Altiplanos (Llana), wo sie mehr oder weniger frei herum liefen, nur begleitet von den Hirten in ihren Nationaltrachten mit den weiten Röcken, den bunten Westen und ihren für uns so fremdartig geformten Hüten. Es mutete uns recht merkwürdig an, sie auf einmal als 'Haustier' zu sehen. Das hatten wir 'weiß Gott' nicht erwartet. Aber hier schien alles möglich! Manches schien mitunter unwirklich. Der Rest der Strecke war dann nur noch ein 'Klacks'. Zurück in der 'Zivilisation' widmeten wir uns der Sauna, die uns zur Entspannung brachte und so waren wir nicht mehr so sauer oder enttäuscht über unser Unternehmen. Man kann halt das Wetter nicht bestimmen.

Eine weitere Exkursion führte uns zum Äquator Denkmal, 23km im Norden von Quito. Der Gedanke endlich einmal am Äquator zu stehen war sehr beeindruckend. Schließlich ist der Äquator die Trennungslinie zwischen der Süd und Nordhalbkugel der Erde, er halbiert die Erde in zwei Hälften. Das Monument ist auf einer Höhe von 2.374m. Der Bus setzte uns ein Stück unterhalb davon ab. Wir fanden uns in einem kleinen Ort wieder, der anscheinend nur auf die Touristen aller Nationalitäten wartete und sonst eigentlich tot war. Den Rest des Weges zum Monument mussten wir zu Fuß zurücklegen. Die 'Straße', die dorthin führte war unglaublich staubig und der Wind war sehr stark. So hatten wir ständig Staub und Sand in den Augen, was sehr! unangenehm ist. Besonders warm war es dort auch nicht und so war das von mir so heiß ersehnte Ziel, der Äquator, die Trennlinie zwischen Nord und Süd, auf einmal doch nicht mehr so glänzend. Dazu kam, dass die Linie irgendwie fiktiv erschien, das heißt, dass wir eigentlich nichts besonderes sahen, das auf diesen Punkt hinwies. Alles, was wir sahen, war ein Stumpf mit einer riesigen Weltkugel oben 'drauf'. Er war von einem Zaun umgeben, den man zwar übersteigen hätte können, aber offensichtlich war er errichtet, um die Touristen davon abzuhalten, unbefugt das Areal zu betreten. In der Nähe befand sich ein kleines 'Solarmuseum', das jedoch wegen Renovierungsarbeiten geschlossen war. Irgendwo erinnerte mich das Ganze an meinen Geburtstag. Ich erwartete immer so viel, was passieren oder sich ändern könnte und fand mich jedes Mal desillusioniert wieder. Träume entsprechen nun mal oft nicht der Realität. Und trotzdem! Gut das wir all die Träume und Vorstellungen haben! Ansonsten würden wir uns wahrscheinlich vergraben. Jeder erlebte Traum bringt mich der Realität ein bisschen näher. Nun wir kehrten zurück nach Quito.

Ein bunter Markt

Von Quito aus machten wir uns auf nach Otavalo. Dort war jeden Samstag ab 5Uhr morgens ein überall bekannter Indio

Markt. Die Fahrt war wunderschön. Wir fuhren durch ein traumhaftes Tal an einem Fluss entlang, links und rechts eingerahmt von intensiv grünen Bäumen. Es war richtig romantisch und erschien sehr einsam. Nach 2 1/2stündiger Fahrt erreichten wir unser Ziel Otavalo. Der Ort war wie ausgestorben. Man sah kaum Menschen auf der Straße und die, die wir sahen, wirkten recht merkwürdig. Mitunter drängte sich der Gedanke von Inzucht auf. Aber belegen konnten wir das natürlich nicht und vielleicht taten wir mit unserer Vermutung diesen Menschen auch unrecht. Sie waren halt ganz anders. Die Männer in Otavalo trugen ihr langes Haar gebunden zu einem Zopf. Bekleidet waren sie stets mit langen weiße Hosen und darüber meist bunte Ponchos. Sie hoben sich wahrhaftig deutlich von den Indios, die wir bisher gesehen hatten, ab. Das South American Handbook empfahl, so früh wie möglich den Markt zu besuchen und so standen wir dann auch ganz zeitig auf um nichts zu versäumen. Kaum auf der Straße, fanden wir uns in einem Menschengewühl wieder, das uns in Richtung des Marktes schob. Nichts erinnerte mehr an die leeren Straßen am Tag vorher. Plötzlich war die Stadt, die uns am Vortag wie tot erschien, voll pulsierendem Leben. Überall war geschäftiges Treiben.

Der Markt war wahnsinnig beeindruckend. Da gab es Schals, Ponchos, Taschen, Pullover, Teppiche, Wandbehänge und vieles mehr in jeder nur erdenklichen Farbe. Die Palette reichte über weiß, gelb, rot, grün, blau bis hin zu schwarz und das auf einem einzigen Stück Stoff. Fantastisch! Man konnte sich an den 'Kunstwerken' gar nicht satt sehen. Was wir schon über die Arbeiten der Peruaner sagten traf auch auf die der Indios hier zu. Ein Stück war schöner als das davor. Dadurch wurde man wirklich zum Kaufen verleitet. Den anderen Menschen schien es genauso zu gehen. Jeder war darauf bedacht, irgendein Schnäppchen zu machen. Zwischen den Ständen standen Bänke, wo man sich, bei einer kräftigen und vor allem warmen Suppe zum Frühstück, ausruhen und das Treiben auf dem Markt verfolgen konnte. Von dort sahen wir dann am späten Vormittag auch die Touristen aus aller

Herren Länder einziehen, ein Zeichen, das es Zeit war, den Ort zu verlassen, was die Indios anscheinend auch taten. Innerhalb kürzester Zeit waren nur noch Händler und Touristen zu sehen. Und es wurde enger und gedrängter auf dem Platz. Genau die richtige Voraussetzung für die Taschendiebe, vor denen allerorts gewarnt wurde. Die Touristen schienen die Warnungen nicht besonders ernst zunehmen. Viele Frauen trugen den Inhalt ihrer gesamten Schmuckkassette zur Schau. Ich möchte nicht wissen, wie viele von ihnen um einiges erleichtert wurden. Nun mir konnte es egal sein. Nach meinem Erlebnis in Lima hatte ich sowieso nichts wertvolles mehr dabei. Mitten im Gewühl haben wir uns dann verloren und ich stand ohne einen Penny, mutterseelen allein auf dem Platz und wartete darauf, das Dieter wieder auftaucht. Denkste! Im Gewühl ging alles und jeder unter. Nach einer Stunde entdeckte ich ihn an einem nahegelegenen Stand, wo er gerade Unmengen an gekochten Maiskolben verzehrte. Ich ärgerte mich kolossal, denn ich stand über eine Stunde da wie bestellt und nicht abgeholt. Aber immerhin hatten wir uns wenigstens wiedergefunden. Gemeinsam gingen wir noch einmal durch das bunte Treiben bevor wir den nächsten Bus zurück nach Quito nahmen. Angekommen im Hotel, teilte man uns mit, dass ein besseres Zimmer frei geworden war. Tatsächlich war es sehr viel schöner und hatte auch ein Fenster. Einziger Makel war, dass das Türschloss nicht richtig funktionierte. Na ja, wenn es nur das war! Nachdem wir uns wieder häuslich eingerichtet hatten, gingen wir aus zum Abendessen. Zurück im Hotel wollte Dieter die Tür zu unserem Zimmer aufschließen. Aber anstatt, das sich die Tür öffnete, verbog sich der Schlüssel. Wir fragten an der 'Rezeption' nach einem Nach- oder Generalschlüssel. Nun so etwas war hier wohl nicht üblich. Was sollten wir tun? Mit Fensterklettereien hatten wir ja schon Erfahrungen gesammelt und so stieg ich gestützt von Dieter über das Fenster in unser Zimmer ein, um ihm die Tür von innen zu öffnen. Was ein Akt!

Der nächste Berg ruft

Am nächsten Morgen machten wir uns auf in Richtung Cotopaxi (6050m). Wir hatten erfahren, das El Sadday, der hiesige Andinismoclub, Fahrten dorthin anbot. Treffpunkt war ihr Büro. Wir wussten zwar die Adresse und hatten auch eine Karte von Quito, aber trotzdem taten wir uns etwas schwer, unser Ziel zu finden. Der Weg führte uns durch eine recht merkwürdige Gegend, düster und eingerahmt von merkwürdigen Gestalten. Wenn sie ein Messer gezückt hätten wären wir nicht verwundert gewesen. Uns war tierisch mulmig zumute. Nach einigem Suchen fanden wir das Haus, indem der Club Andinismo sein Domizil hatte. Kurze Zeit später kam der Bus und los ging es. Unsere Führer schienen eine besondere Vorstellung zu haben, wie die Fahrt aussehen sollte. Schon bald fingen sie an, uns mit Singen, Tanzen, was in dem engen Bus nicht ganz einfach war und Gesellschaftsspielen zu beschäftigen. Wahrscheinlich auch zwecks besserem Kennenlernens. Am meisten erfreute sich die Gruppe an den Pfänderspielen, bei denen Volksreden gehalten, Liebeserklärungen gemacht, bis hin zu Füßen geküsst werden mussten. Zum einen verkürzte es zwar die Zeit, aber man verpasste auf der anderen Seite doch eine Menge, denn der Cotopaxi liegt in einem Nationalpark, der wunderschön ist. Alle möglichen Tiere und Pflanzen in bizarren Formen konnte man hier sehen. Überall ritten Ranger auf Pferden herum um nach dem Rechten zu sehen. Kannten sie doch die mitunter unangenehmen Bräuche der Touristen, z.B alles aus dem Fenster zu werfen und somit das gepflegte Gelände zu verschmutzen. Der Bus setzte uns auf einem Parkplatz in 4600m Höhe ab. Dort war die sandige Straße zuende und nun ging es einen total staubigen Weg zu Fuß weiter. Er sollte uns zum Jose Ribas Refuge (4800m), dem Basislager am Fuße des Cotopaxi bringen. Eine Schlange von circa 150 Menschen quälte sich den Hang hoch. Es waren durchschnittliche Touristen, die nach ihrem Trip sagen konnten, dass sie am Fuß eines so gewaltigen Berges gestanden hatten. Nun waren wir ja schon einiges gewohnt und so überholten wir die meisten von ihnen.

Der Cotopaxi präsentierte sich wesentlich beeindruckender und sah sehr viel gefährlicher aus als der Chimboraszo. Hoch thronte er mit seiner weißen Kuppe über der 'Ebene'. Er stellte wirklich eine Herausforderung für uns da. Die Wetterlage war aber extrem schlecht und so mussten wir von einem Aufstieg für den Moment Abstand nehmen. Wir entschlossen uns aber irgendwann zurück zu kommen um diesen imposanten Berg zu besteigen. Ver a las recuerdos! Zurück im Hotel mussten wir dann feststellen, dass 1. das Schloss nicht repariert war und sie 2. den Schlüssel abgebrochen haben. Also mussten wir wieder durchs Fenster in unser eigenes Zimmer einsteigen.

Steine, Gold und was noch mehr?

Am nächsten Morgen machten wir uns im Bus weiter auf den Weg Richtung Kolumbien. Die Strecke führte uns über Tulcan. Dort mussten wir ein Taxi nehmen, da Busse uns wegen des Gepäcks nicht mitnahmen. Ganz schön ärgerlich! Als wir dann nach Rumichaca an die Grenze kamen, gab es Probleme. Wir hatten keinen Ausreisestempel, den wir angeblich an der Grenze brauchten. Wo sollten wir den denn bekommen? Das war uns schleierhaft. Nun mussten wir uns etwas einfallen lassen, denn wir wollten ja schließlich irgendwie weiter. Auf einmal bekamen wir unsere Pässe ohne weitere Erklärung zurück. Wir passierten die Grenze und befanden uns auf Niemandsland. Wir hatten noch immer keinen Stempel. ‚Zeigen sie uns ein Onwardticket vor, dann können sie weiter', war der Kommentar der Grenzbehörden. Aber wir wollten unser Flugticket ja erst in Bogota kaufen in der Hoffnung, dass es dort billiger wäre. Was sollten wir jetzt noch tun? Südamerikaner und Geld! Nach einer gehörigen Spende und dem Nachweis, das wir noch genügend Geld hatten bekamen wir unsere Stempel. Glück gehabt! Mit einem Oldtimer Marke Chevrolet fuhren wir dann für 40 Pesos bis Impiales. Weiter ging es mit dem Express

Bolivariano nach Popayan. Dazwischen lagen 6 Polizeikontrollen mit einem kuriosen Interim. Alle Fahrgäste mussten bei den Kontrollen den Bus verlassen. All unsere Sachen wurden nach Rauschgift durchsucht. Bei mir gerieten sie dabei wieder auf ein paar Tampons. Auf die Frage, was diese bedeuten sollten, fiel mir nicht sehr viel passendes ein. Mit Händen und Füßen versuchte ich den Beamten zu erklären, welche Bewandtnis es mit diesen Tampons auf sich hatte. Sie schienen meine Erklärung zu akzeptieren und ließen mich zurück in den Bus. Nachts um 3Uhr erreichten wir Popayan. Wir wollten um 4Uhr weiter nach San Agustin, aber man sagte uns, das wir das Ticket nicht in $ bezahlen konnten. Wir hatten aber nichts anderes mehr übrig und so standen wir auf dem Schlauch. Nachts wechselt keiner Devisen.

Wir hatten uns schon mit einem Aufenthalt bis 20Uhr hier abgefunden, als auf einmal der Begleiter des Busses erschien und uns sagte, dass wir mitkommen sollten. Wir könnten unterwegs Geld wechseln. Super! Und schon waren wir wieder unterwegs. Die Fahrt war einmalig! Meistens befanden wir uns auf einem Feldweg, wo nicht einmal 2 Autos nebeneinander passen würden. Es ging durch Nebelwald und Dschungel. Bei jedem größeren Ort sprich längerem Aufenthalt(3Std.) kam der Busbegleiter an, zog mit dem Zeigefinger das linke Augenlid herunter und sagte:,Ojo! Robado!'

Wir erreichten Pitalito, wo wir umsteigen sollten. Der Bus hatte aber nicht genügend Passagiere. So rentierte sich eine weitere Fahrt nicht. Wir wurden also in einen kleinen Jeep verfrachtet und ab ging es die letzten 25 Kilometer nach San Agustin. Es ist bekannt als Tal hunderter Steinstatuen von Menschen, Tieren und Göttern. Diese stammen aus dem 6. Jahrhundert vor Christus. Keiner weiß jedoch etwas über die Kultur, die diese Statuen herstellte. Auf der ganzen Fahrt sah man keine Autos, nur Pferde und Reiter. Unsere Fahrt bezahlten wir in Dollars und man glaubte uns sogar den Wechselkurs, den wir ihnen dafür nannten. In San Agustin angekommen, belagerten uns viele Leute, die Zimmer zu vermieten hatten. Wir erwischten eines, das sehr sauber war und wo das Bett endlich einmal wieder hart war(Residencias). Nach einem guten reichhaltigen Almuerzo wollten wir den archäologischen Park besuchen. Wir waren jedoch so spät, das die Zeit nur noch für das dazu gehörige Museum reichte. Dort waren Töpfereien und Indio Gebrauchsgegenstände ausgestellt. Für den nächsten Tag haben wir uns dann Pferde für einen Ganztagesausflug gemietet.

Die Nacht danach konnten wir endlich einmal wieder richtig gut schlafen!!! Gut ausgeruht nahmen wir ein ausgezeichnetes Frühstück, gebackene Bananen, Rührei und Sandwich mit Mantequilla zu uns. Die Bezahlung erwies sich als großes Problem, denn keiner wollte unsere Dollars wechseln. Die Banken machten es jedenfalls nicht., nicht einmal Traveller Cheques. Natürlich fanden wir auch für dieses Problem eine Lösung. Es wurde schwarz gewechselt. Die Pferde für unseren Ausflug wurden uns direkt vors Hotel gestellt. Wir kamen uns vor wie in einer Zeit, wo es noch keine Autos gab. Wir schwangen uns auf die Pferde und los ging es. Leider wesentlich langsamer als wir uns das vorgestellt hatten. Trab war das schnellste, was aus den Pferden rauszuholen war. Und wir hatten uns doch mit 3 Ausgrabungszielen, La Pelota, Estrecha und Tablon sehr viel vorgenommen.

La Pelota zeigte uns sehr viele Figuren, wie zum Beispiel riesige Eulen in Stein gehauen und viele Gräber. Wir waren wie verzaubert von den schönen Statuen, die uns Einblick in eine fremde Kultur gaben. Weiter ging es nach Estrecha. Es lag in einem tiefen Tal und war eine Enge des Magdalena Flusses. Ein wunderbares Naturschauspiel! Unser drittes Ziel erreichten wir nicht mehr. Die Pferde waren mit ihrem ureigenen Schritt einfach zu langsam, um Tablon noch im Lauf des Tages zu erreichen. Also trabten wir zurück. Wir wollten für den nächsten Tag wieder Pferde mieten und machten jedoch klar, das diese etwas gängiger sein sollten als die letzten. Mit einem verständnisvollen Lächeln nahmen sie unseren Wunsch zur Kenntnis. Sie hatten halt gedacht, das wir nur Touristen seien und zweifelten an unseren Reitkünsten. Der Ausritt dauerte 71/2 Stunden. Wer es nicht gewöhnt ist auf einem Pferd so lange zu sitzen, weiß, was das heißt. Jeder Knochen im Körper schmerzte. Zudem waren wir total hungrig und freuten uns über das köstliche Mahl, das uns in einem kleinen Restaurant gereicht wurde. Den ganzen nächsten Tag hatten wir dafür vorgesehen, den archäologischen Park zu durchstreifen. Es war ein Weg in eine andere Welt Die ganzen Figuren, die zu betrachten waren, waren sehr beeindruckend. Durch den Park gab es eine Route: Bosquede las Estatuas Sie führte uns durch einen Regenwald mit unglaublich schönen Pflanzen und Blumen. Die Statuen waren, teils an ihrem ursprünglichen Platz gelassen, zum anderen einfach in den Kurs durch den Park, durch Seile vom Weg abgetrennt, in imposanter Weise aufgestellt. Gut das wir den ganzen Tag zur Verfügung hatten, um diese Pracht von Natur und Kultur in uns aufzusaugen. Der ausgewiesene Weg Mesita A+C führte zum Alto De Lavapatas, einem Kinderfriedhof. Ein Ort unglaublicher Stille und Ruhe. Dann kam der Höhepunkt Mesita B mit riesigen schönen Steinfiguren. Es ist unwahrscheinlich interessant, die verschiedenen Formen der Figuren zu betrachten, die durch die unterschiedlichen Steinformen beeinflusst wurden. Man kann sagen, dass San Agustin ein Ort der Ruhe und Besinnlichkeit ist. Hier lohnt es sich einmal Urlaub auf einer Hazienda zu machen. Natur beinhaltete auch Tiere. Auf einmal fiel eine Schlange direkt vor uns auf den Boden. Geistesgegenwärtig schlug ein Mann, der sich in der Nähe aufhielt, sie tot. Unser Glück, denn sie war sehr giftig!

Bogota, Drogen und viele Schätze

Leider neigte sich unser Aufenthalt in diesem so schönen wundersamen Ort dem Ende zu und so ging es dann mit dem Bus weiter, in die Höhle des Löwen, nach Bogota. Angst hatten uns die Leute genug davor gemacht. Allerdings endete die Fahrt erst einmal schon nach einer Stunde. Ein Ruck und wir blieben stehen. Die Busfahrer machten sich daran, den Gaszug, der anscheinend gerissen war, zu reparieren. Weitere Busfahrer stoppten und dachten, dass sie wohl helfen könnten. Was wohl daraus wird? Die Werkzeugkisten sahen mehr zum Pferdebeschlagen als zum Bus reparieren aus. Wir hatten tierischen Durst wegen des Klimas und bestellten etwas zu trinken, da wir nicht damit rechneten, noch vorwärts zu kommen. Aber, Wunder der Technik und der Künste unserer Busfahrer, es schien zu funktionieren, denn schon nach anderthalb Stunden ging es weiter.

. Gegen Morgengrauen kamen wir in Bogota an. Wir tranken in Ruhe Kaffee und suchten Fluggesellschaften aus einem Telefonbuch aus. Unser Ziel war zuhause. Wir nahmen einen Bus ins Zentrum von Bogota und deponierten unser Gepäck in einem Terminal. Dann klapperten wir die unterschiedlichsten Fluggesellschaften ab. Aber wir mussten leider feststellen, das, hier in Columbien, die Preise genauso kontrolliert waren, wie in Peru. Was tun? Wir gingen in ein Reisebüro und hakten nach, was für uns möglich und erschwinglich wäre. Die Empfehlung des Sachbearbeiters war ein Flug nach San Andres, einer Insel in der Karibik. Von dort könnten wir nach Guatemala weiterkommen. Nun das war eine Option. Aber es gab ja noch andere Fluggesellschaften! Aber wir mussten feststellen, das San Andres wirklich die einzige Option war. Also entschlossen wir uns, den Flieger um 16.30Uhr nach San Andres zu nehmen.

Es blieb uns noch fast der ganze Tag und so gingen wir ins Museo de Oro. Genauso wie in Lima war das Museum überwältigend. Gold ohne Ende! Soweit das Auge reichte, selbst Kämme und andere Gegenstände aus purem Gold. Zu allem Überfluss wurde man in einen Tresorraum geführt, der noch viel mehr Schätze aus Gold zu bieten hatte. Das Gold lag förmlich gehäuft da. Und zusätzlich wurde alles angestrahlt. Das machte alles noch viel imposanter. Wahnsinn! Danach erfolgte eine kleine Stadtbesichtigung, die uns auf den Plaza de Bolivar, Herz der Stadt mit der Cathedral und den Palazzo Municipal führte. Langsam wurde es für uns Zeit, einen Bus zum Terminal zu nehmen um unser Gepäck abzuholen. Nur den richtigen Bus zu erwischen, erwies sich als äußerst schwierig. Erst mit der

Hilfe eines Verkehrspolizisten erreichten wir den Bus, der uns zu unserem Ziel führte. Vom Terminal nahmen wir ein Taxi zum Airport. Eine dreiviertel Stunde vor Abflug waren wir dann vor Ort und wurden bis zum Einstieg mit Getränken verwöhnt. Fast wie first class Passagiere! Der Flug mit der Airline Avianca dauerte 2 Stunden, bis wir San Andres erreichten.

Karibik in der Regenzeit

;Mann oh mann, was für ein Klima. Schwül ist untertrieben! Im Hotel Astor, das recht billig war, fanden wir nur vor dem Ventilator Erleichterung.
San Andres ist ein wirkliches Schmuckstück! Der Strand ist wunderschön. Weißer, fester Sand, das Meer in allen Blautönen und viele Palmen. Der Rest ist ätzend! Tote Hose, viel unfreundliche Leute und sauteuer! Nach dem Strand gingen wir zu den Airlines SAM und Avianca um unseren Flug nach Guatemala zu buchen und nach Preisen zu fragen. Hierbei stellte such heraus, das es billiger war, direkt bis Miami zu fliegen. Dieser Flug war mit der Airline Avianca, aber deren Office war cerrado also geschlossen. Der Flug sollte aber am nächsten Tag, einem Sonntag sein. Andernfalls müssten wir eine Woche warten. Gott sei Dank war es nachmittags möglich, Tickets am Airport zu kaufen. Deshalb hatten wir noch Zeit, in Ruhe Essen zu gehen. Allerdings beschäftigte uns die ganze Zeit der Gedanke, auf der Insel eine Woche fest zu hängen. Es war Regenzeit und wer so etwas schon einmal erlebt hat, weiß, wie ätzend das ist. Schwüle und sintflutartige Regenfälle. Die Straßen sind dann total überflutet und nichts geht mehr. Der Regen setzt, man kann die Uhr danach stellen, um Punkt 12Uhr ein. Was soll man in der Zeit danach sinnvolles tun? Vor den Ventilator setzen. Gleichzeitig macht die Hitze und Schwüle dermaßen müde, dass Schlaf die meiste Zeit des Tages angesagt ist.
Das billigste auf der ganzen Insel waren Mangos, die wir dementsprechend oft aßen. Nach einem ausgedehnten Spaziergang auf der Insel und einem Mangoimbiss

schauten wir dann im Hotel noch Fernsehen, Hart y Hart, auch in Deutschland bekannt.

Tickets bekamen wir an diesem Tag nicht mehr. Man vertröstete uns auf den nächsten Morgen Aber gleich mit dem Hinweis, dass Traveller Cheques nicht akzeptiert würden. Wo sollten wir nur am Wochenende Bargeld herbekommen? Diesmal schien dieses Problem wirklich unlösbar zu sein.

Morgens waren wir schon um 6Uhr wach. Dieter wollte joggen gehen, aber die Tür war verschlossen. Pech gehabt! Nach ausgedehntem Frühstück gingen wir auf die Bank um Geld zu wechseln. Dann wollten wir an den Strand. Auf dem Weg dorthin standen wir vor dem Office der Fluglinie Saha. Wir fragten nach den Preisen und erfuhren von einem Ticket, das 20 Dollar billiger war als die Angebote, die wir vorher eingeholt hatten. Zusätzlich war verlockend, das die Maschine schon am Freitag, also 2 Tage früher als die anderen, nach Miami flog. Regenzeit mussten wir uns nicht länger als nötig überziehen. Die Flugroute war mit Saha nach Tegucigalpa(Honduras) und von dort aus mit Tan nach Miami. Also wechselten wir wieder Geld um unsere Tickets zu bezahlen. Nach einer Wasser- und Strandeinlage war es Zeit zum Mittagessen. Im Hotel gab es Cazuela, eine Suppe mit Muscheln, Tintenfisch und Camarones. Super! Nachmittags war wieder Zeit zu verschlafen und Dieter holte unser Flugtickets ab. Zur Feier derer kaufte er 4 Flaschen Bier. Nach einer Flasche waren wir bereits völlig fertig, denn der Alkohol und die schwüle Hitze wirkten doppelt. Am nächsten Tag: Faulenzen am Strand, Nickerchen, Fernsehen, Bett. Nach ausgedehntem Schlaf unternahmen wir einen Ausflug zum höchsten Punkt der Insel: La Loma. Dann wieder nur Regen, Regen, Regen. Eigentlich ging unser Flieger am Freitag. Donnerstag kam der Anruf von Saha. Wir durften wegen Maschinenschadens 2 Tage länger auf Kosten der Fluglinie auf San Andres bleiben. Eigentlich eine tolle Sache. Aber mit den peitschenden, irrsinnigen Regenfällen blieb uns nach 12Uhr nur Fernsehschauen übrig. So lernten wir alle Sender des kolumbianischen Fernsehens kennen. Außerdem gab es eine Reihe von Zeitschriften wie Avianca aus dem Jahr 1984 und 2 aus dem Jahr 1969 zu lesen. Sehr informativ! Einen Vorteil hatte das Ganze. Saha flog ohne Zwischenstop in Honduras nach Miami. Trotzdem galt es noch die Zeit bis zum Abflug totzuschlagen. Also fuhren wir mit dem Bus ein Stück bis nach San Luis und gingen dann zu Fuß in strömenden Regen weiter bis zur Südspitze der Insel. Hier konnte man manchmal einen Geysir sehen. Dieses Glück war uns jedoch nicht beschieden. Dann gingen wir weiter bis nach El Cove und von dort fuhren wir mit dem Bus zurück nach San Andres. Vom Bus aus konnten wir die Saha Maschine sehen, zu dem Zeitpunkt ohne Tragflächen. Im Hotel angekommen, lernten wir recht trinkfeste Kolumbianer kennen, mit denen wir einen feucht fröhlichen Nachmittag verbrachten. Schöne Abwechselung! Am nächsten Morgen herrschte eitel Sonnenschein. Ausgerechnet heute wollten wir fliegen. So ein Mist!

Visa und andere Hindernisse

Wir fuhren zum Flughafen um einzuchecken. Hier kam der Klops! Sie wollten mich nicht fliegen lassen, da ich kein Visum für die USA oder ein Onward Ticket vorweisen konnte. Heul, Schluchz! Was für ein Ärger! Durch Hilfe eines Angestellten des Oficinas de Tourismos erreichten wir wenigstens, das wir bis Tegucigalpa mitfliegen konnten, wo es ein amerikanisches Konsulat gab, das mir ein Visum ausstellen konnte. Der Flug mit einer737 war sehr gut. Wir wurden von hinten bis vorne bedient. Als wir ankamen regnete es natürlich schon wieder. Aber eins setzte uns ins Verstaunen: die Hilfsbereitschaft und Höflichkeit der Menschen. Die Angestellten der Tan/Saha wechselten uns sogar einen Traveller Cheque, ohne den wir nicht einmal den Bus in die Stadt bezahlen hätten können. Wir bekamen sogar die Empfehlung für ein Hotel, das in der gleichen Straße wie die Botschaft lag. Absolut super! Tegucigalpa machte keinen schlechten Eindruck auf uns. Die Straßen waren sauber, die Leute mehr als zuvorkommend. Unser Hotel war sehr echt proper, inklusive Toiletten und nicht sehr teuer. Die halbe Nacht verbrachte ich sitzend vor Zahnschmerzen. Zudem war es mir tierisch schlecht. Anscheinend hatte ich mir zum Schluss doch noch einen Virus eingefangen. Morgens gingen wir schon um 7Uhr zur Botschaft, denn wir wollten ja unseren Anschlussflug nachmittags erreichen. Dort standen schon unwahrscheinlich viele Menschen. Das hätte ich nicht gedacht! Um 11.45Uhr hatte ich endlich mein Transitvisum. Gültig für 3 Tage! Na, ja auf die Schnelle! Danach blieb uns wenigstens noch Zeit, die Kathedrale zu besichtigen und dann ging es schon wieder zum Flughafen Toncontin. Beim Einchecken schlugen sie dann noch einmal kräftig zu. Wir mussten einmal für etwas bezahlen, das völlig unverständlich war und zum 2. die Airporttax. Wir endeten mit Lempiras(Währung in Honduras) ab, die wir dann notgedrungen in zwei Stangen Zigaretten umsetzten. Die Auswahl dabei war sehr gering, nur Winston war einigermaßen annehmbar. Nach einer Zwischenlandung erreichten wir nachts Miami. Natürlich gab es keinen Flug mehr nach Europa und so verbrachten wir die Nacht auf dem Flughafen. Eigentlich sehr bequem! Morgens um 6Uhr wurden wir dann geweckt, weil unser Anblick Passagiere stören könnte.

Als Nächstes klapperten wir dann alle Fluggesellschaften nach einem billigen Flug ab. Glücklicherweise bekamen wir einen Standbyflug mit Pan Am, der uns für 252$ nach London bringen sollte. Alles was uns blieb waren jetzt 17$ und so riefen wir in Deutschland an um Geld nach London ans Konsulat zu transferieren. Schließlich war London ja nicht unser Endziel, sondern nur ein Zwischenstop. Die Zeit bis zum einchecken verbrachten wir mit Durchstöbern der vielen Geschäfte am Airport. Uns wäre es lieber gewesen, jetzt in Shannon zu sein, denn hier gab es im Gegensatz zu dort nicht sehr viel interessantes, das zum Kaufen eingeladen hätte.

Der Flug in einer 747 war spitze. Wir hatten die Sitze direkt am Ausgang und so sehr viel Beinfreiheit. Spitzen Service und ein Super Mahl zeigten uns, das wir uns wieder in einer gewohnten Umgebung befanden. Kopfhörer gehörten zum

Service und so konnten wir Musik hören oder einen Spielfilm sehen. Die Zeit verging wie im Flug. Nach acht Stunden landeten wir in London. Zuerst gingen wir auf ein Reisebüro. Dort hörten wir, das die günstigste Möglichkeit nach Deutschland zurückzukommen per Zug war. Die Fahrt kostete pro Person 120DM. Also entschlossen wir uns, dies Möglichkeit wahrzunehmen. Der nächste Gang führte uns zum Konsulat um unser angefordertes Geld abzuholen. Aber Denkste! Das Geld war noch nicht angekommen und wir hatten nicht einmal genügend Geld übrig, um zu übernachten. Was tun? Die Leute vom Konsulat beruhigten uns. Schließlich war es ja früh am Morgen und das Geld konnte bis 16Uhr eingehen. Also erst einmal Seightseeing! London hat in jeder Hinsicht für jeden was zu bieten und so fiel die Auswahl sehr schwer. Wir entschlossen uns die Touristenattraktionen wie Picadilly Circus, Tower und Big Ben zu besichtigen. Schnell machte sich unser Jetleg bemerkbar. So interessant alles war, konnten wir uns jedoch nur schwer auf die Attraktionen konzentrieren. Gleichzeitig hatten wir immer das Konsulat und unser Geld im Hinterkopf. Würde es rechtzeitig eingehen, dass wir nach hause konnten? Wir riefen immer beim Konsulat an um Neues zu erfahren. Aber nichts! Wir wurden ganz schön kribbelig. Endlich die gute Nachricht! Das Fax über den Geldtransfer war da. Wir mussten nur noch die Bestätigung abwarten. Ein Geduldsspiel. Das Geld wurde nicht auf die vorgegebene Bank des Konsulats geschickt sondern auf eine, mit der sie keine Geschäftsbeziehungen hatten. Die Zeit rückte vorwärts und wir hatten immer noch kein Geld. Das Konsulat wurde geschlossen und man verwies uns an die zuständige Bank. Als wir dort vorstellig wurden waren die Schalter bereits geschlossen. Dieter machte den Angestellten unsere prekäre Lage klar. Der Chef der Bank hatte dann letztendlich ein Einsehen mit uns und gab uns das Geld aus seiner eigenen Tasche. Er sagte, dass schließlich nur die Bestätigung des Empfangs fehlte. Wir sollten ihn und London in guter Erinnerung behalten. Weiterhin wünschte er uns eine gute Heimfahrt. So weit zur Flexibilität. Der Stein, der uns vom Herzen fiel, war wohl meilenweit zu hören. Gegen Abend gingen wir zum Zug, der uns nach hause bringen sollte. Nach einer geruhsamen Fahrt erreichten wir die Heimat. Es war in jeder Hinsicht spannend, eindrucksvoll und eine große, wichtige Erfahrung für unser weiteres Leben.

Herstellung: Books on Demand GmbH
ISBN 3-8311-2106-0